桜美林大学叢書 vol.012

経営は5つの視点の因果関係で考える

強い組織をつくる経営ツールの使い方

高橋義郎
TAKAHASHI Yoshiro

J. F. Oberlin University

はじめに

綿密に作り上げたはずの、経営の「方針」や「戦略」。ところが、実現できずに終わってしまうことはよくあると聞きます。戦略実現のために、現場は何をすべきか分からないという、戦略の「展開」の仕方にこそ、大きな問題があるからではないでしょうか。

経営戦略実現のカギは、「経営の5つの視点の因果関係」にあるといえます。本書は、経営戦略実現のための5つの視点の因果関係について、経営戦略部門で体得した実務的な観点からの解説と事例をまとめたものです。もし本書にもうひとつの副題をつけるとしたら、「経営戦略の空文化を防ぐ5つの視点の選び方」になると考えています。

経営の方針や戦略を組織内の各階層に落とし込む作業を続けてきて、つくづく思うことがあります。それは、現場レベルにおける「経営戦略や目標に納得し腹落ちすること」の難しさと言えます。一般的に、戦略の策定と展開は、経営理念（ミッション、ビジョン、バリュー）を明確に掲げ、戦略分析を経て戦略課題を明らかにし、戦略と目標を中期計画などに落とし込みながら、それを下位の階層や組織に展開していきます。

戦略の策定は、既に多くの手法が紹介されているため、戦略や目標を決めるところまでは、かなりロジカルで美しいものが出来上がることが多く見られます。しかしながら、問題はそれからです。戦略とその目標が決まったならば、それを実現するために「何をすべきなのか」という戦略重点目標を考えなければなりません。と同時に、「何を見ていけば達成度合いが分かるのか」という評価指標も決めておく必要があります。

ところが、現場でこれらの戦略重点目標と評価指標を決めていくことは、なかなか難しいのが現実です。その理由は、せっかく考えた戦略重点目標が、本当に全社的な戦略の実現と目標の達成につながっていくのかどうか確信できないといった事情があります。いわゆる、部署最適の目標と指標の策定に留まってしまうのです。

さらには、それらの成果を把握する評価指標を決めたとしても、本当に戦略重点目標が目指す目的を正しく実現できるものになっていけるのかどうか、なかなか自信が持てないという理由もあるようです。

以上のような事態が起こると、経営が目指す最終目標の達成につながらないばかりか、実際に業務を行っている現場が現実感のない目標を目指して毎日の仕事をさせられる羽目になってしまいます。その結果、ひいては現場で働く従業員のモチベーション低下や目標管理のやり方に不信感が出てくることになりかねません。また、経営判断や意思決定を誤ることにもつながるため、経営を進めていく上で、非常に重要な要因であると言えます。

では、どのようにすればよいのでしょうか。その解決のヒントが本書で紹介する「経営は5つの視点の因果関係で考える」ことなのです。5つの視点の因果関係は、多くの経営手法の根幹をなす普遍的な考え方です。

たとえば、ピラミッドを作るために石を運んでいる人々がいるとすると、単に仕事だから重い石を運んでいると考える作業者と、私達は偉大なエジプト文明を創るために石を運んでいるのだという目的意識や目指す想いを持って作業に臨んでいる作業者とは、おのずと作業の質はもとより、目標達成への取り組みも違ってくるはずです。

前者の作業者とは異なり、後者の作業者には目指す姿が明らかであり、その実現に向かって何をすればよいのか、そして、自分の仕事がうまくいっているのかを知る指標とは何かが、彼の頭の中にはしっかりと描かれているはずです。その思考プロセスを「見える化」したものが、本書のメインテーマである「経営の5つの視点の因果関係」であり、空文化を防ぐ戦略展開のヒントになります。

考えてみれば、経営に限らず、私達の日常の行動は問題解決と意思決定の連続です。最寄りの駅から目的地へ行く行動ひとつとっても、時間やコスト、それにリスクなどのあらゆる制約や効率などの要因を考慮しながら、意思決定をしていくわけですが、それはとりもなおさず問題解決にほかなりません。そのような日常の意思決定や問題解決にも、5つの視点の因果関係は活用できることでしょう。

これまでに、筆者は勤務先のみならず、多くの企業で経営戦略展開や目標管理の仕組みを見聞させていただきました。とても上手に戦略展開をしていた企業を分析してみると、5つの視点の因果関係のモデルがぴったりと当てはまることが多く見られ、普遍性のあるビジネスのフレームワークと考えて良いでしょう。一方、戦略目標展開に行き詰っている企業に5つの視点の因果関係で改善点を説明すると、「ああ、そういうことでしたか」と納得され腹落ちする経営者やマネージャーの声も聞かれます。

企業ばかりでは、ありません。学校や病院などの組織でも、十分に活用できるフレームワークですので、読者の皆さんには、是非とも「5つの視点の因果関係」を考慮した戦略や目標の展開と指標づくりに使ってみてほしいと思います。事実、筆者は学校法人桜美林学園の事務組織改革担当顧問として、中期計画や事業計画のアクションプランと指標見直しに、そしてISOマネジメントシステムの運用に、このフレームワークを導入しています。

しょせん、経営の戦略や目標は一種の仮説です。仮説ですから、達成への道のりには多くの不確実さや予期せぬ変化が横たわっていますし、それらがリスクを発生させますが、ただ、達成や成功への確率を少しでも高めていく努力は必要です。その確率を高めていけるフレームワークが「5つの視点の因果関係」なのです。本書が、読者の皆さんをはじめ、より多くの企業や組織にとって、目指す（意図した）成果を達成し実現するヒントとなり、お役に立つことを願っています。

なお、末筆ながら、本書執筆にあたりご支援を続けていただいた学校法人桜美林学園理事長の小池一夫先生、それに講演録や掲載記事の転載をご快諾いただいた株式会社システム規格社（アイソス）代表取締役の中尾優作氏には、この場をお借りして厚く御礼を申し上げます。

2022年9月

高橋義郎

（注記）本書ではバランススコアカードを主に5つの視点で解説していますが、経営分析のアプローチならびに理解しやすさを優先し、また、専門家によっては4つの視点で作成していることを勘案し、執筆に際し4つの視点の事例も掲載しました。

経営は5つの視点の因果関係で考える――目次

第2部「3つのフレームワークが経営の質を変える」

第3部「全体最適経営に導くフレームワークとその融合」

第1部

バランススコアカードとは何か

第1章 バランススコアカードが教える5つの視点の因果関係

5つの視点の因果関係が企業を「見える化」する

拙書『使える！　バランススコアカード』（ＰＨＰビジネス新書）が上梓されてから約15年がたちました。いっときはさまざまな企業や非営利組織で経営ツールとして導入され、脚光を浴びていたバランススコアカード（ＢＳＣ：Balanced Scorecard）ですが、現在でも欧米企業ではデファクト（de facto：事実上の）標準としてのフレームワーク（経営戦略や課題解決に欠かせない思考の枠組み）として広く使われる傾向があるのに対して、日本の企業ではあまり話題にならなくなった感があります。

漏れ聞くところによれば、日本を代表する某大手企業の一事業部門が海外企業のグループ入りをしたとき、アメリカの本社社長が経営状況を見るために来日し、「あなた方は経営というものがわかっていない。ついては、バランススコアカードを導入しなさい」という言葉を残して離日したという話が記憶に残っています。

筆者が経営管理の支援や、ISOマネジメントシステム（国際標準化機構：International Organization for Standardization。品質マネジメントシステム「ISO9001」や環境マネジメントシステム「ISO14001」などの規格がある）の認証審査などで、いろいろな企業におうかがいしてコミュニケーションを図り、経営の仕組みと目標との因果関係を説明するときに、バランススコアカードの「5つの視点の因果関係」は、とても威力を発揮してくれます。

たとえば、顧客価値を生み出す仕組みの説明には、

①経営の視点

②学習と成長の視点（組織と個人の能力と表現することもあります）

③価値創造の変革プロセスの視点
④顧客や社会の評価の視点
⑤企業価値や財務の成果の視点

といったように、経営や業務の活動と目標をそれぞれの視点の因果関係で図解すると、「なるほど、そういうことだったんですね」という回答が返ってくることが多くありました。

経営の視点と学習と成長の視点とを合わせて一つにし、4つの視点といわれる場合もありますが、バランススコアカードの5つの視点の因果関係で経営を分析し、「見える化」してみると、バランススコアカードの各視点の因果関係は、経営の活動や仕組みを表す普遍的な考え方とも思えてくるのです。

なぜ買いたくなるような製品ができるのか、なぜ使いたくなるようなサービスが生まれるのか、なぜ従業員が生き生きと活動をし続けていけるのか。これらは、筆者が企業で勤務をしながら、また大学や大学院での教鞭をとりながら、いつも考えてきた命題の一つです。

その解答を得るために私は、バランススコアカードの5つの視点の因果関係で構成されたフレームワークを使ってきました。あるときはノートやメモ用紙に書きながら、あるとき

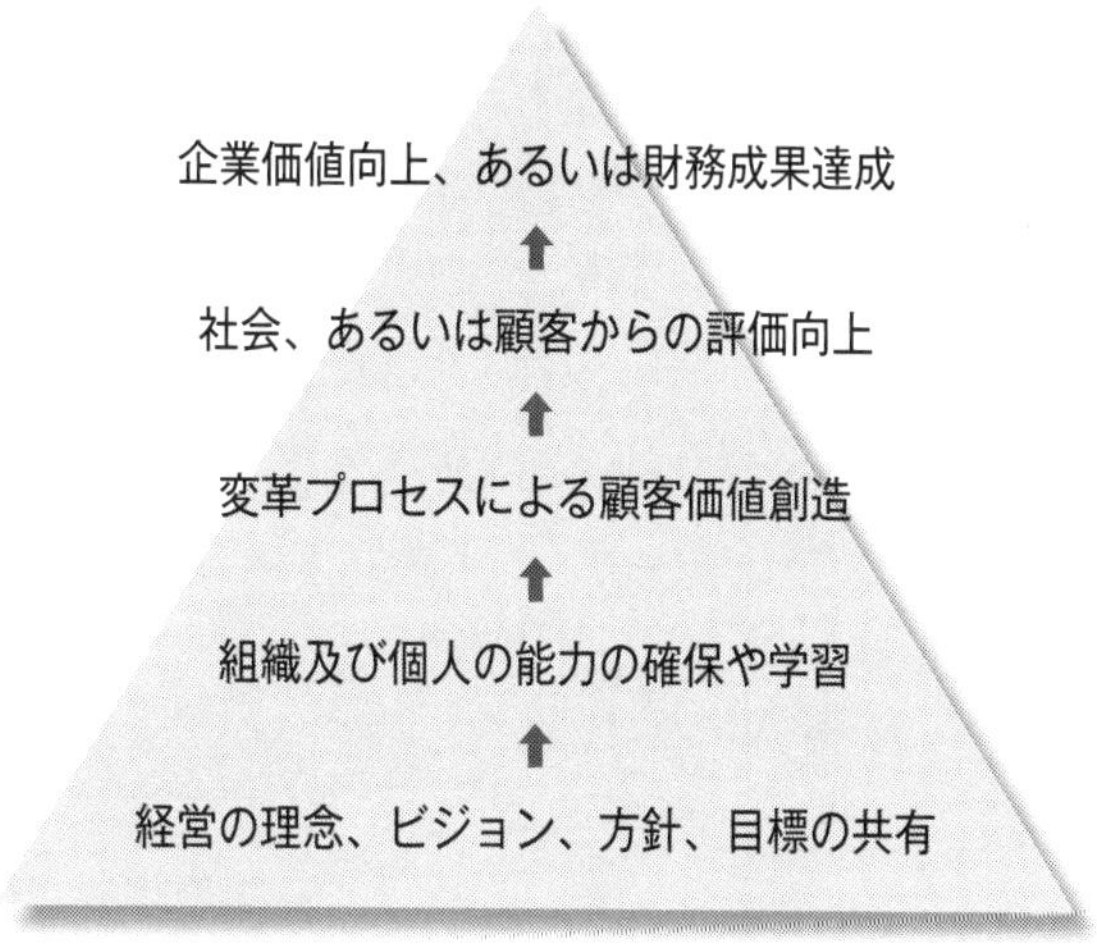

図表1.1.1　5つの視点と因果関係

はノートパソコンで研修や講義の資料作りに、5つの視点の因果関係で企業や理論の分析をしてみたのです。

前述したように、5つの視点の1つ目は経営の理念、ビジョン、方針、目標です。2つ目は、組織と個人の能力、3つ目は顧客価値を創造するプロセスであり、さらに4つ目は社会や顧客からの評価向上。そして5つ目が事業成果ともいうべき財務成果や企業価値向上とつながっていきます。これら5つの視点が因果関係で一連のつながりを持って構成されていることがわかります（**図表1．1．1**）。

この5つの視点とその因果関係は、多くの経営手法にも適用されている普遍性の高い考え方であることが、筆者のこれまでの経験と研究でわかってきました。また、実際に優れた経営を実践している企業や非営利組織の活動成果を5つの視点で分析してみると、素晴らしい取り組みを「見える化」することができました。

そこで、筆者がさまざまな領域の事例について5つの視点で分析した取り組みを紹介しながら、読者の皆さんにバランススコアカードの普遍性を再認識していただき、今一度、経営に利活用することを提唱し、企業の経営や業務、それに幹部社員研修や大学の講義でも広く経営に資するフレームワークとして活用していただければとの願いから本書を執筆することにしました。筆者の想いが熱くなりすぎて、本書のあちこちに同じような説明が繰り返し出てくる場面もあると思いますが、どうかご容赦いただければと思います。

事例で学ぶ5つの視点の因果関係

5つの視点の因果関係のフレームワーク、すなわちバランススコアカードのフレームワークを再度イメージしていただくために、一つの事例を紹介してみたいと思います。

コーヒーメーカーの製造販売をしている企業を例に取って考えてみます。日本のマーケットでは、ネスレやパナソニック、それにデロンギやタイガーなどが家電量販店やホームセンターでよく見かけるブランドですが、筆者がかつて勤務していたフィリップスというオランダに本拠を置くグローバル企業も日本で販売していたことがありました。

最近では、手軽さが人気の全自動タイプのコーヒーメーカーが消費者の需要を喚起しているようで、手軽さがブランドや美味しさとともに評価されてきました。

数年前に、筆者が某企業で行った研修資料で、このコーヒーメーカーの事例を取り上げたことがありました。その演習事例（**図表1．1．2**）をもとに、5つの視点の因果関係のフレームワークの説明をすることにします。この演習事例では、架空の企業A社のコーヒーメーカー事業部を舞台に設定しました。

この演習事例ケースを、5つの視点の因果関係のフレームワークでまとめてみると、**図表1．1．3**のようになります。経営の方針や目標の決定後、その目標を達成するためにどのように組織や個人の能力を高めていくか、そして、それらをベースにして、価値創造のプロセスで顧客が買いたくなるようなコーヒーメーカーを製造・販売することで、その製品に対する評価が高ければ市場シェアも上がるし、リピーターも増え、ブランド力も高まり、財務目標が達成されるという因果関係が成立することになります。

A社のコーヒーメーカー事業部では、日本市場で５年後に売上倍増の事業目標を掲げていました。折しも某学会ではコーヒーが健康と長寿に良いという報告があり、またコーヒー好きといわれる国々からの外国人移住も激増しているため、いわゆるビジネスの追い風が吹いていたわけです。一方、競合する某飲料メーカーB社は、カプセル方式のコーヒーサーバーを販売し、好評を博していましたが、A社は「やはり豆を挽いて作るコーヒーの香りと味が人を癒す」との方針から、意に介さない姿勢を維持していたのです。

このような状況においてA社のコーヒーメーカー事業部では、コーヒーメーカーの顧客価値を創造するバリューチェーンを生産管理の中心に置き、組織や個人の能力向上→顧客価値創造（バリューチェーン）の向上→顧客満足向上→他者への推奨の促進→市場シェア増大→ブランド向上→事業目標（財務目標）達成という「経営のタテの因果関係」を考えて事業計画と指標を作成することにしました。

なお、同事業部は、「コーヒーの香りと味で豊かで充実した生活を提供できる会社であり続けたい！」というスローガンを掲げ、社員全員がその経営方針を共有して経営を進めていました。ちなみに、ある調査では、最近の消費者はブランドや美味しさよりも「手軽さ」が購入動機になりつつあるとの結果が報告されていました。したがって、A社のコーヒーメーカー事業部では、香りや美味しさと同時に、手軽さも重視した企画開発が進められていたのでした。

図表1.1.2　演習事例

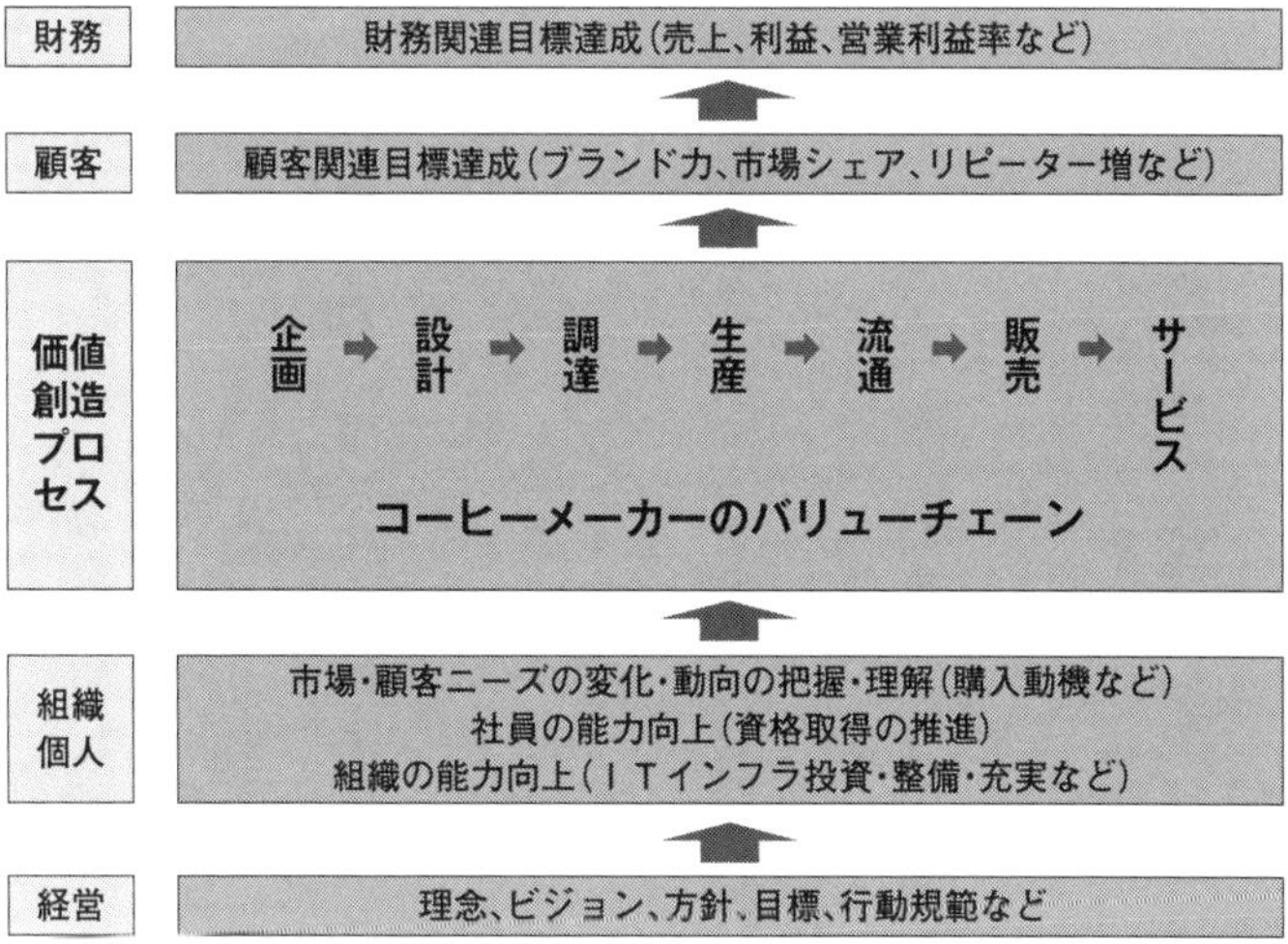

図表1.1.3　コーヒーメーカー製造販売会社の5つの視点の因果関係

目指す姿	コーヒーの香りと味で豊かで充実した生活を提供できる会社でありたい！	
〈領域〉	〈改善項目〉	〈目標・KPI〉
財務目標	営業利益率増	10%以上
↑	売上金額増大	対前年比売上増
顧客目標	ブランド力増大	業界トップ
↑	市場シェア増大	市場シェア（%）
↑	他者へ推奨増	対前年比20%増加
VC の目標	サービス向上	苦情件数30%減少
（改善目標）	販売業務向上	銘柄指名率10%増
↑	流通業務向上	店頭品切20%減少
↑	生産業務向上	良品率99%以上
↑	調達業務向上	納期遵守率99%以上
↑	設計業務向上	問題解決100%実行
	企画業務向上	計画順守率99%以上
組織・個人の能力向上	嗜好変動理解	顧客嗜好調査実施
目標	社員能力向上	資格取得率向上
	IT インフラ向上	IT投資実施率100%
経営目標	経営の理念、ビジョン、方針、目標、行動規範など	

図表1.1.4　改善項目と目標・KPI

ちなみに、「コーヒーの香りと味で豊かで充実した生活を提供できる会社でありたい」という目指す姿を設定し、改善項目と目標となるＫＰＩ（Key Performance Indicator：主要成果〈業績〉指標）を**図表１．１．４**のように想定してみました。

もっと具体的に事業計画を作成してみる

私事で恐縮ですが、定年となった60歳のときに、個人事業主の髙橋マネジメント研究所を立ち上げ、いくつかの企業を支援したり、大学院で教鞭をとらせていただきました。研究所を立ち上げるというと恰好が良いように聞こえるのですが、いわゆる定年後のキャリアプランで、早い話が定年後も経営に関わる仕事を続けていくための方策でした。

しかしながら、個人事業主として仕事を継続していくには、それなりの事業計画や戦略目標が必要です。そこで、５つの視点の因果関係を考えながら、個人事業の経営目標を作ってみたのです。

５つの視点で作成した個人事業目標を決めるためには、ＳＷＯＴ分析（企業や事業の現状分析をするときなどに使うフレームワーク：「強み」Strength、「弱み」Weakness、「機会」

Opportunity、「脅威」Threat の頭文字を取ったもの）で、自らの強み、弱み、それにビジネス環境分析として機会と脅威を書き出してみました。

たとえば、強みは、

・実務経験が豊富であり、現場の立場で提案作成が可能である。
・難しい理論の内容について平易な説明ができる。

などで、弱みとしては、

・大手コンサルティング会社より信用度が低いこと。
・資金や人的資源不足による新規領域参入の困難さ。

などを自覚していました。

また、ビジネスの機会としては、

・大手コンサルティング会社の料金が高いこと。
・ISOマネジメントシステムの改定で事業との整合性が強化される方向にあったこと。
・経営品質やISOマネジメントシステムとバランススコアカードの併用事例が多く見られるようになったこと。

などが、追い風として認識されました。
そして、最後のビジネスの脅威は、

・コンサルティング手法や技術の変化の速さ。
・コンサルティングや講師の料金単価の下落。

などが考えられました。

ただ、SWOT分析だけでは現状の列記でしかありませんので、クロスSWOT（SWOTをそれぞれクロスさせて分析すること）に書き換えて現状打破の施策、いわゆる戦略施策と目標を決めていきました。

その結果として、

①強みを活かして機会をモノにする

・経営品質・ISO・BSCを融合させたコンサルティングビジネスの開発強化。
・経営者が抱える「意味のある目標作り」のニーズの把握と販促強化。
・大手コンサルティング会社の支援サービスを補完するサービス開発。
・異業種交流やネットワークでの支援サービス・研究成果の発信強化。

②機会を生かして脅威を克服する

・異業種交流・研究学会・ISOマネジメントシステムや経営品質審査への積極的な参加と情報収集。
・支援成果の情報発信強化によるブランド力向上と報酬レベルの確保。

③強み・機会を生かして弱みと脅威を克服する

・ネットワーク人脈で継続的に契約してくれるロイヤルカスタマー（Loyal Customer：企業ブランドや商品、サービスに対して高い忠誠心を持つ顧客）の確保。
・日常業務をアシストしてくれる不定期業務支援者の確保。

なりたい姿	「そういえば高橋がいるじゃないか」と思い出していただける経営コンサルタントになることを目指すべき姿とし、「経営に役立つマネジメントシステムの実現」「納得感（満足感）の高い目標管理の展開」による顧客価値の高い提案により、高い評価を得られるコンサルティングを行う。	
中期目標	①財務目標の達成、②事業構成：経営コンサルティング事業、大学院教員、ＩＳＯマネジメントシステム審査関連事業、その他	
目標設定	重点施策	成果尺度
財務成果の目標	①年間収入の確保 ②案件受注金額の確保	①収入金額(金額) ②案件受注金額(金額)
顧客満足や評価を高める目標	①案件引き合いに対する受注率の向上 ②コンサルティング・授業サービス評価の向上 ③ＴＭＬブランドの浸透	①(受注件数/引き合い件数)×100(%) ②サービス提供後のアンケート(スコア) ③ホームページへのアクセス(件数)
顧客価値創造の業務改善目標	①年間引き合い件数の増大 ②スピーディーな企画提案書の作成と提出 ③経営品質・ISO・BSCの統合提案の質の向上 ④目標展開システムの改善提案の質の向上 ⑤リスクマネジメントを融合した提案書の質向上 ⑥戦略目標達成へのビジネスパートナー確保 ⑦販促用公開セミナーの開催	①案件引き合い件数(件数/年) ②引合いから提出までの所要日数(日数) ③提案の採用率(%)、採用件数(案件数) ④提案の採用率(%)、採用件数(案件数) ⑤提案の採用率(%)、採用件数(案件数) ⑥ビジネスパートナー契約数(業者数) ⑦年間計画実施率(%)
組織や人財の能力向上目標	①支援サービス・研究成果の発信増加 ②研究学会発表・業界誌執筆・書籍出版の実施 ③研究学会・異業種交流会への参加 ④新規サービス企画の開発	①メルマガ発信・ブログアップ件数(件/月) ②年間計画実施率(%) ③研究学会・異業種交流会参加数(組織数) ④開発件数(件数/年)
経営の方向	①なりたい姿に近づくことを目指す ②中期経営計画を達成する	①冒頭の「なりたい姿」 ②冒頭の「中期計画」

図表1.1.5　5つの視点の因果関係で作成した個人事業の戦略目標

・ネットワーク人脈で仕事を紹介してくれるビジネスパートナーの確保。

といったような結論に達したのでした。

その結果として作成したのが、**図表1・1・5**にあるような個人事業の戦略目標でした。

目標の作成の順序は、まず、なりたい姿と中期目標を決め、生活に必要な財務の目標を決め、それを達成させていただけるような顧客の評価方法を決め、顧客の評価が高まるような価値創造の改善目標を決め、顧客価値創造を実現できるような能力を高めていくという戦略シナリオができたのです。

ただ、実際に価値を高めて顧客の好評価を獲得し、財務の目標を達成するための実践の流れは、目標作成の順序と逆になります。

すなわち、施策と目標の作成の流れは、

①なりたい姿の設定↓②中期計画の策定↓③財務目標の決定↓④顧客評価目標の決定↓⑤顧客価値創造改善目標の決定↓⑥組織及び個人の能力向上↓⑦経営の方向再確認

などのようになります。

しかしながら、実際に価値を創造して成果を挙げていく順序は、

①経営の方向の決定と理解浸透↓②組織及び個人の能力向上↓③顧客価値創造改善目標達成↓④顧客評価目標達成↓⑤財務目標達成↓⑥経営の方向（中期計画、なりたい姿）の実現

という取り組みとなるはずです。

名探偵シャーロック・ホームズの生き様も分析できる

周知のように、シャーロック・ホームズはコナンドイルの推理小説の主人公です。初めて彼の本を読んだのは高校時代と記憶していますが、地元の駅の近くにあった小さな書店で買い求め、たいへん面白くて、あっという間に一連のシリーズの文庫本を読み終えてしまったことを覚えています。

その余韻がまだ残っていたせいか、その後、大学生のときにヨーロッパに3週間ほど行く機会があり、そのとき立ち寄ったロンドンの大きな書店でシャーロック・ホームズの洋書を見つけ、衝動的にごっそりと買い込んでしまいました。

彼の作品の中でも『四つの署名（The Sign of Four）』が好きで、今でも書棚から引っ張り出しては、酒の肴がわりに読むことがあります。

ところで、シャーロック・ホームズはイギリス人だろうと思われますが、そのためか、他民族である登場人物にはなかなか渋い評論をしていることが散見されます。

たとえばフランス人の探偵について、「あの男はケルト系らしく、鋭い直感力はあますところなく備えているが、この種の仕事の発展には絶対必要な、広範囲にわたる正確な知識に欠けている」とワトソンに話しています。

彼の真骨頂は、手に負えなくなった事件の解決に警察の知人や依頼主が困ってやって来ると、専門的な見地からデータを精査して、独特の意見を発表することでしょう。

また、かねがね彼がいっていることに、すべての条件のうちから不可能なものだけ切り捨ててゆけば、後に残ったものが、たとえどんなに信じがたくても、事実でなければならない、というのも興味深いコメントです。

そして、どんなに素晴らしい解決になってもけっして手柄顔をせず、ホームズ独特の力によって事件を解決してゆくという愉快な仕事そのものが、彼にとっては無上の報酬となるのです。自己実現の結果に浸る快感といったところでしょうか。

これと関連するかもしれませんが、ある大学院の教授が書いた本の中に、日本型成果主義では、次の仕事を与えて成長を実感させていくことが大切、といった意味の見解が述べられていたことも記憶しています。ひょっとすると、ホームズの自己実現の快感と共通するものがあるかもしれません。

そこで、シャーロック・ホームズの生きざまを、バランススコアカードの4つの視点の因果関係で書いてみました。

〈財務や価値の視点〉

・社会的貢献と、それに伴う報酬の獲得。

・事件解決による自己実現と快楽の享受。

〈顧客の視点〉

・社会悪の撲滅への貢献。

・依頼者に対する満足度の高い事件解決。

〈プロセスの視点〉

・専門的見地からデータを精査した独特な捜査プロセス。

・すべての条件のうち不可能なものを切り捨てた事実把握と仮説設定のプロセス。

〈学習と成長〉

・専門知識の習得と活用。

・捜査情報ネットワークの構築と活用。

第2章 ストーリーで学ぶバランススコアカードの導入

バランススコアカードを導入する前の留意点

バランススコアカード導入の主管部署は、経営企画などのコーポレート部門が担当することが多いようです。

たとえば、「実は社長からの指示で、来年度から社内にバランススコアカードを導入することになった。ついては経営企画でそのプロジェクトを担当してもらいたいのだが、どうだろうか？」などというような命題を受けて、担当部門は導入企画の計画書を作成する作業を始めます。

初めてバランススコアカードに接するのであれば、バランススコアカードとはどのようなものかを学習することからスタートしますが、市販されている本を読んでもなかなかピンとこない場合は、セミナーを受講するか、あるいはコンサルタントに相談してみることも必要かもしれません。

バランススコアカードは業績評価システムから戦略マネジメントシステムへと大きく発展を遂げてきた概念であり、導入にあたっては、まず組織の経営課題を明確にし、導入目的を共有してプロジェクトを推進させることが重要です。

経営者が、いったい何のためにバランススコアカードを導入するのかという理由を理解し、共有することも重要な成功へのステップです。

組織のビジョンや方針・戦略を組織内に浸透させ、各部門やグループへの目標展開をしたいということであれば、その次のステップとして、業績評価や目標管理を既存の経営システムと整合させ、いずれは組織の価値創造や経営品質を高めるフレームワークにすることも期待されるでしょう。

目的が明確になったら、導入のタイミングも大切な要件です。来年度の予算執行のタイミングに合わせれば、そこにバランススコアカードを併用できますし、組織のマネジメントシステムに整合させることも重要な成功要因になります。

そして、バランススコアカードを適用する範囲と対象を、社長とその次に位置する事業部（長）に絞るなどして、まずは2階層のバランススコアカードを来年度の予算や事業戦略目標策定と整合させて考えてみることも大切です。

バランススコアカード導入の目的と対象範囲を明確にしたら、次は推進体制を作ります。たとえば、社内で「バランススコアカード推進チーム」を発足させ、構築計画の策定とともに、必要な教育を行わなければならないことはいうまでもありません。

企画準備から構築までのプロジェクトの活動期間については、組織の規模や対象範囲の深さなどによってさまざまで一概にはいえませんが、概ね4～6カ月程度を要するといわれています。

あまり細部まで時間をかけて慎重に検討するよりは、大筋についてコンセンサスができあがれば、まずは開始して、運用しながら改善していくという、より実践的な方法を取ることにし、とくに事業計画や年度予算の立案などと密接に関連させるため、運用フェーズの開始時期から逆算して、構築フェーズの計画を立案します。

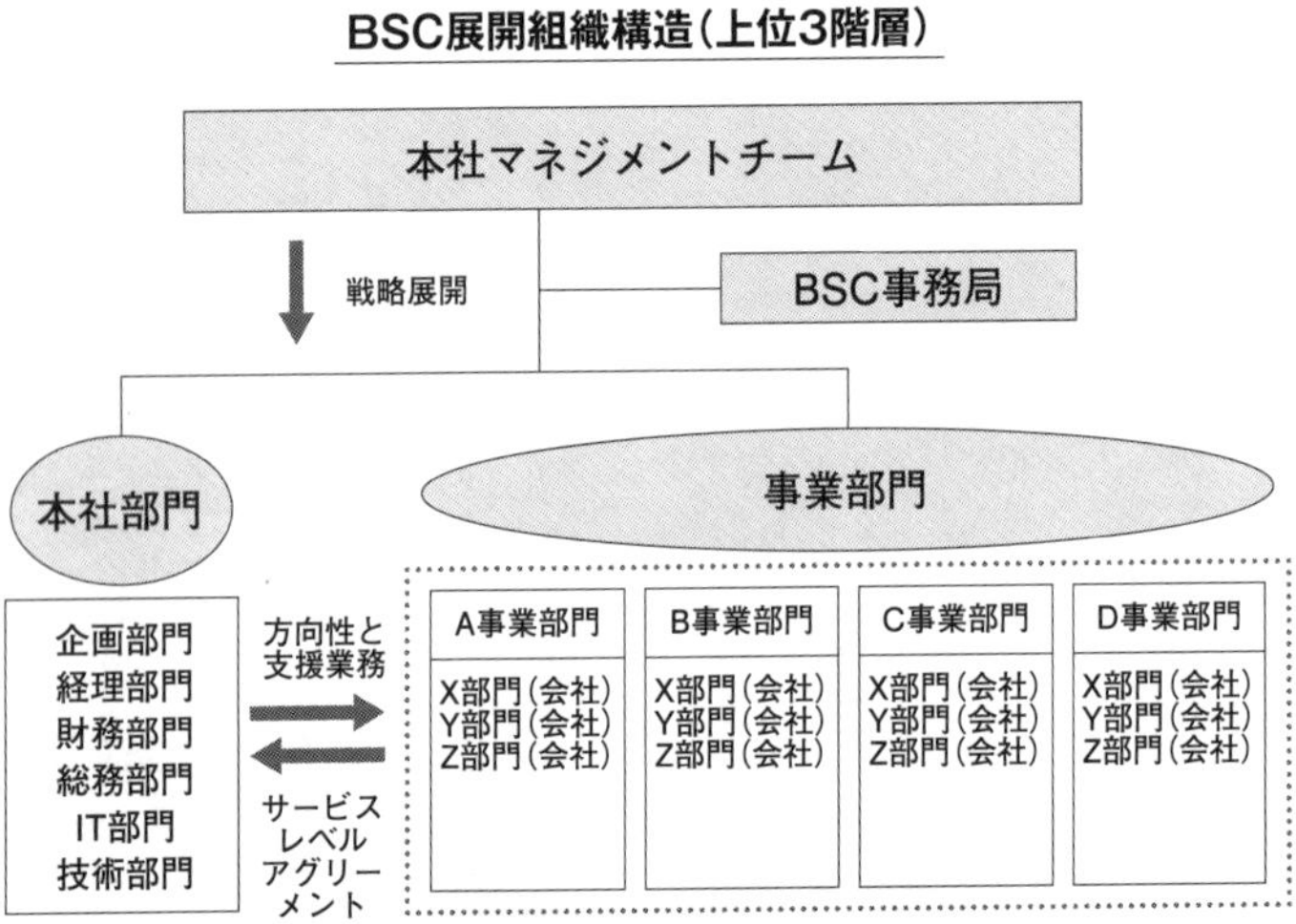

図表1.2.1　バランススコアカード展開構造の一例

次に社内で行うべきことは、推進チームのメンバーに対する教育と、バランススコアカードの運用に参画する部門に対する教育をそれぞれ立案します。

バランススコアカードを正しく理解し、構築、展開、運用のプロセスやスキルを習得することで、推進チームが中心となってバランススコアカードの導入を進めるにしても、実際に運用していくのは現場です。

推進チームは、バランススコアカード導入の中心的な活動を担うため、バランススコアカードの基礎知識や応用知識にとどまらず、プロジェクトマネジメントスキルやコーチングスキルなどが必要となるでしょう。

また、推進チームのメンバーは、各部門で

のファシリテータ（facilitator：会議やプロジェクトなどの集団活動がスムーズに進むように支援する専門的な担当者）になるわけですから、とくにファシリテータの育成は、バランススコアカードを下位展開するときに必要な成功要因といえるでしょう。

バランススコアカードを構築するときには、戦略マップを作成してからスコアカードを作成する手順を取る場合が多く見られますが、あまり細かな作表を作ってしまうと、職場の人たちの手と思考が止まってしまうこともあり、シンプルだが現実的なバランススコアカードにするという、ある程度、割り切った考えも必要かもしれません。

経営陣が目指しているビジョンが、戦略の目標の実行と実現につながるよう、バランススコアカード導入のキックオフ会議（プロジェクトを開始するための集まり）で社内全員に強調することも大切です。経営陣のリーダーシップが発揮されてこそ、バランススコアカードの社内展開ができるというものです（図表1．2．1）。

まずは事業部ごとにバランススコアカードを展開してみる

バランススコアカードに限らず、新たな経営手法を導入するときには、また新たな改善活動を始めるのかといった一種の拒否反応や、やや皮肉めいた感情も見え隠れすることがあります。

事業部内における経営方針や目標の展開で、バランススコアカードの利便性を実感することになるにせよ、そのような反応は人間の保守意識が潜在的にあるからでしょう。

まずは全社のバランススコアカードを作成したら、次は事業部ごとのバランススコアカードを作り、事業目標の展開を図ります。

各事業部は、すでにバランススコアカード導入のキックオフ会議で社長から方針を聞いているはずですから、事業部長を含めたマネージャーたちとバランススコアカード導入チームを作り、この導入チームが中心となってバランススコアカードを事業部内に導入してゆくことが求められますが、その導入プログラムとして、「10のステップ」が考えられます。

最初のステップは、バランススコアカードの基礎知識の学習です。バランススコアカードの意味や役割を、事業部長自身やキーとなるマネージャーが理解しておく必要があります。

バランススコアカードの導入目的とともに、ごく初歩的な説明はキックオフ会議ですでに話を聞いているでしょうから、事業部長は第2ステップの「ケースでBSCを作成する方法」のワークショップを早急に行うことも効果的です。

このステップは、架空の事業体ケースを使って戦略目的を達成するシナリオを、「戦略マップ」と呼ばれる相関図で重要成功要因を決定し、それに基づいてスコアカードを作成していくものです。

ファシリテータと呼ばれる進行役が、導入チームと一緒になって1日で戦略マップを作成するため、「1日ファシリテーション」と呼ばれているプログラムです。

その際、上位のバランススコアカードの戦略目標を取り込んで戦略マップを作成すれば、上位の戦略目標を自部門に展開することができます。

いずれにしても、財務の戦略目標を実現する（あるいは支援する）市場や顧客に対する目標を「顧客の視点」に書き、業務プロセスの視点、学習と成長の視点の戦略目標の因果関係を考えながら、メンバー間で議論し決定していく作業を進めていくと、1枚の戦略マップが完成します。

トップが掲げる経営のビジョンを実現するための戦略目標を明確にして、その戦略目標を数字化した「財務の視点」で目標を具体化し、さらにそれを実現する「顧客の視点」、顧客の視点の目標を実現する「プロセスの視点」、そしてそれらの目標を実現する「学習と成長の視点」での目標作りを、因果関係を考えながら順を追って作成していきます。

「4つの視点」で目標設定をし、それを実現すれば必ず戦略や事業目標を達成できるということを、システマティックに明確にできるという意味で、バランススコアカードは目標をコミットするツールにもなります。

そして、顧客満足や業務プロセスを実現するために、従業員の満足度やスキルアップをどうするかについては、これら「4つの視点」の因果関係がきちんと作られていないと、顧客の視点やプロセスの視点の目標を達成したのに、肝心な財務の目標が達成できないという問題が出てきてしまいます。

「1日ファシリテーション」には、他にも重要な狙いがあります。それは、ただ単にバランススコアカードを上位階層で作成して下位階層に展開するだけですと、上下のバランススコアカード間におけるリンケージ（連携）が現実的に取れないケースが見られるだけではなく、組織内での戦略の目標の共有化や、それらの策定におけるオーナー意識が醸成できないという課題が出てきてしまいます。

日本の組織風土の場合、上位職者が一人で戦略目標を作成し、下位部門に下して展開するよりは、一緒になって策定するほうが下位部門の参画意識は高まります。さらに自部門の目標達成へのモチベーションも高まる可能性も大きいはずです。

バランススコアカードの作成も同じで、財務の戦略目標実現の方策として「何をすべきか」という議論を、下位のマネージャーやスタッフと一緒に行い、そのコンセンサスとして、たとえば売上達成、戦略新製品を含む製品別・顧客別販売計画達成、戦略製品化計画達成、そしてそのための市場・顧客ニーズの把握や分析、というような戦略目標が因果関係をもとに設定されていくことになります。

そして、これらのシナリオ作成時には、ファシリテータと呼ばれる役割の人が、「利益の出る売上を実現するにはどうしたら良いと思いますか?」「本当にそれで大丈夫ですか?」「このマップのようにビジネスを進めれば自信をもって戦略目標を達成できますか?」などと参加者に問いかけながら、仮説である戦略実現へのシナリオを一緒に検証し、場合によっては参加者が気づいていないアイデアや提案を引き出していくことが重要です。

その際、売上向上に寄与する顧客満足度向上の部分で何を目標とするかについては、「お客様から常日頃いわれている要望や苦情にはどのようなものがありますか?」などと水を向けることで、納期順守や迅速な回答などといった戦略目標が明確にされることもあります。

以上に述べた事業部門における構築の着眼点をまとめてみると、

・上位のバランススコアカードと、その戦略目標を確認する。
・財務の視点の戦略目標を上部のバランススコアカードの戦略目標と整合させて決定する。
・財務の戦略目標を達成支援するために、因果関係を考慮しながら４つの視点の戦略目標を決定する。
・戦略マップ作成は、関係する社員が参加して行う。
・戦略目標ごとに適切なＫＰＩ（主要成果〈業績〉指標）を決定し、そのオーナーを任命する。
・完成したバランススコアカードが上位組織や自部門の戦略目的に結びついているかを再検証する。

以上のようになるでしょう。

営業部門で作成するときの5つの成功要因

ビジネス環境が大きく変わってきている中で、営業部門は「頑張り」だけで営業目標を達成し、課題を解決できるものではなく、そこには「営業戦略」の必要性が求められます。

そのようなとき、バランススコアカードの活用は事業部の年度目標を営業部門の目標に落とし込むツールとして有効です。営業部門がバランススコアカードという言葉を初めて聞いたときは、難しい管理手法なのだろうと思ってしまいがちですが、現場の立場で解説してもらうと、結構簡単でわかりやすいでしょう。

そこで、営業部門に限りませんが、ここではバランススコアカードの作成をする場合、守ってもらいたい5つのポイントを紹介しておきます。

5つの成功要因のポイントとは、

①組織や部門が最終的に達成すべき目標（たとえば戦略目標や中期事業計画など）の実現につながるように策定し、4つの視点の因果関係が考慮されていること。
②戦略目標（重要成功要因）の選択基準が明確であること。
③成果指標が戦略目標（重要成功要因）の達成状況を正しく把握できること。
④自分たちの頭脳で考え、現実的なものを作成すること。
⑤計画（企画）、実行、評価、結果のバランスと評価（ＰＤＣＡ：Plan「計画」、Do「実行」、

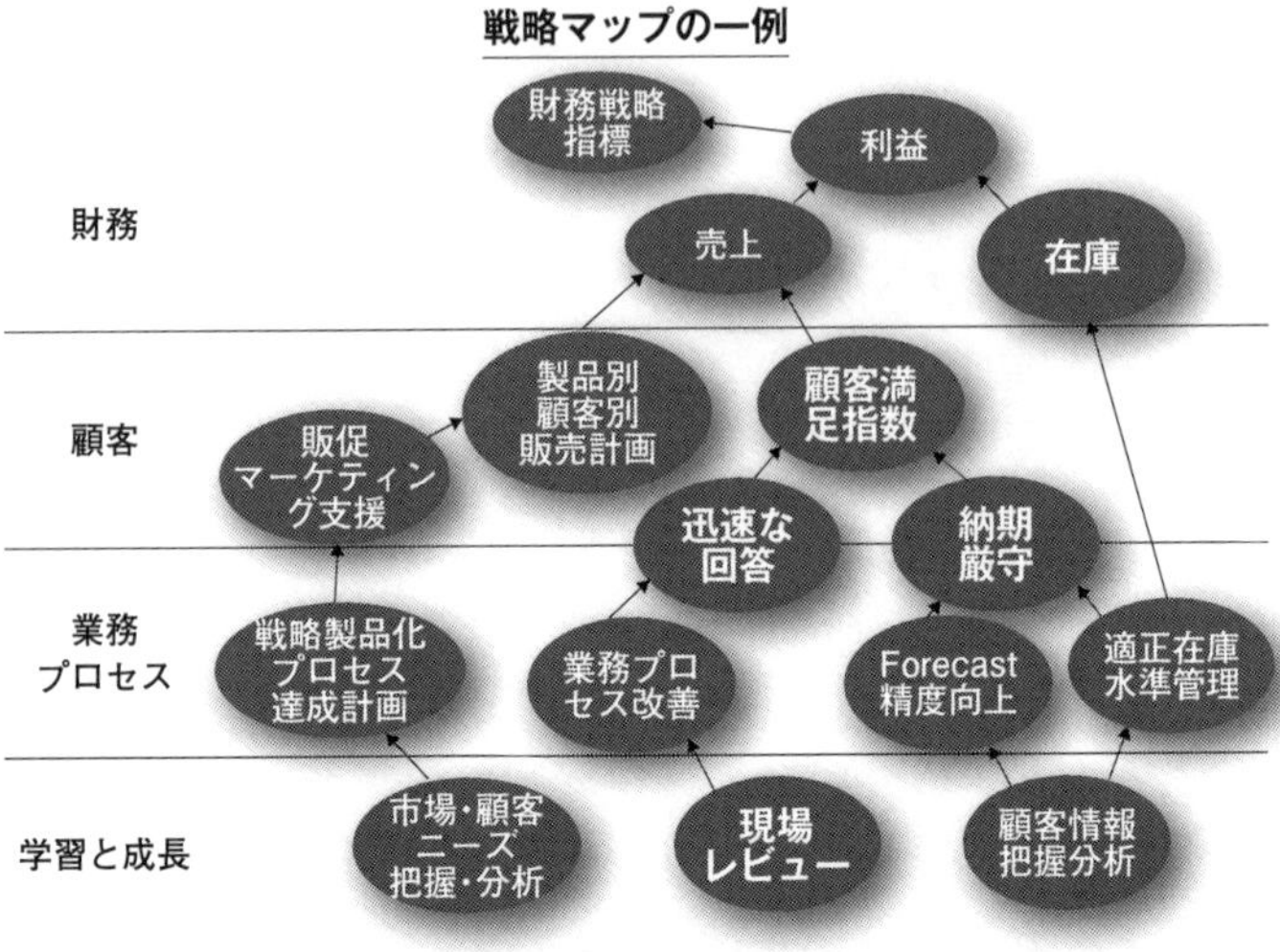

図表1.2.2　営業部門の戦略マップの一例

Check「評価」、Action「改善」）を行っていること。

などです。これらのポイントに従ってバランススコアカードの作成会議をファシリテートしていくと良いでしょう。

一般的な話ですが、営業部の目標には、実のところ事業部が決めた財務指標（たとえばキャッシュフロー、EVA〈Economic Value Added：経済的付加価値〉、売上や利益額）のみで、それ以外の目標は明確でない傾向が多く見られます。

そのため、営業部門のファシリテータは、会議室の片隅にあるホワイトボードに戦略マップの4つの視点の枠を書き、営業部員に質問を投げかけながら戦略目標（重要成功要因）を順次挙げてもらいながら進めていくことも有効な取り組みです。

そのようなやり取りが繰り返し交わされることにより、市場や顧客のニーズを反映した販売計画達成へのシナリオが明確になります（図表1．2．2）。

バランススコアカードに限らず、上位の目標を下位の自部門に展開する場合には、自部門にとって上位の目標のどれを達成する必要があるのかを明確にすることが重要です。その際には、上位の目標を達成するために、現在の自分たちのポジションと役割において、一体何をすべきなのかという観点から戦略目標を決定していくことが必要であることはいうまでもありません。

以上の説明で、営業部門におけるバランススコアカードの作り方をご理解いただけたでしょうか。最後に、営業部門でのバランススコアカード活用の効果について、整理してみました。

・過去の成功体験に縛られず、営業戦略をあらかじめ策定して目標を達成することで組織の柔軟性を可能にしてくれる。
・「頑張り」＋「営業戦略」のシナジー（相乗効果）が実現できる。
・財務目標が多い営業部において、他の視点から戦略目標を考え合わせることで、一体何をすべきなのかという観点から、現在の自分たちのポジションと役割における戦略目標を決定し、マネジメントしていくことができるようになる。

本社・管理部門における作成は社内顧客視点の目標作りから

事業部門や営業部門のように売上や利益などの財務の目標がない管理部門にしてみれば、4つの視点でバランススコアカードを作成するには難しさがあります。どのようにバランススコアカードを作成すれば良いのかという点を巡って、かなり迷われる組織があるようです。

管理部門のバランススコアカード作成をスムーズにファシリテートするには、実際に管理部門にバランススコアカードを導入している組織の事例を学習すると良いでしょう。ネットワークを通じて、いくつかの導入企業の管理部門のベンチマーキングを行うことは大変役に立ちます。

また昨今では、本社部門や間接部門と呼ばれる管理部門やサービス部門における社内サービス業務の効率化やクオリティ向上が強く求められるようになり、そのような考え方や手法の一つとして、バランススコアカードはもっと注目されても良いのではないかと思われます。

ある識者によれば、これからの経営環境において、さまざまな経営手法が登場してくるにしても、戦略性と定量的な尺度によって判断してゆくことを重視する考え方が経営の根底に流れていくことは間違いないであろうとの指摘があります。

その論理に従えば、管理部門も例外ではなく、的確な経営状況の把握や分析によって経営に対する的確なサポートをするという、戦略部門としての役割が重要視されてきます。

これはコーポレート・コア・プロセス（戦略機能）も同様であり、そのような観点から考えてみると、管理部門の役割と位置づけは、この流れに沿って適宜見直されることになるのではないでしょうか。

一連のベンチマーキング（自社製品や事業、組織、プロセスなどを他社の優れた事例を指標として比較・分析し、改善すべき点を見出す手法）を終えると、バランススコアカードの作成方法のみならず、同時に管理部門の共通した課題も知ることができます。

その一つは、戦略機能と支援機能が混在するために、各々の役割やミッションが明確でないことが挙げられます。２番目は、常に市場や顧客の評価に晒される事業部門と比較して、管理部門の業務は企業内で完結されており、顧客というものを意識しなくても済むような構造になっていることがあります。

そして3番目は、提供サービスの内容が見えないため、外部から詳細な問題点などを指摘することが難しく、いわば管理部門のブラックボックス化となり、生産性向上活動があくまで自助努力に委ねられていることなどに気づかされます。

これらについて注意深く考えてみると、管理部門では「自分たちの『真の顧客』は誰なのか」という重要な意識が欠落しているのではないかと感じることがあります。

バランススコアカードは顧客がいれば作れる、逆にいうと顧客が不明だと作れないということになりますから、この点は重要です。そこが事業部門と管理部門の決定的に違うところで、ある企業の管理部門で一番驚いたのは、「自分たちの顧客は社長です」といっていたことでした。

自部門の位置づけや役割が、会社の中枢で経営陣をサポートし、会社を動かすという、前向きな気分の現れと受け取れないこともないでしょうが、本当に彼らの顧客は社長と経営陣だけなのだろうか、と疑問に思ったことを覚えています。管理部門でバランススコアカードを作成するときは、その点が難しい論点になるようです。

とくに「顧客の視点」の戦略目標とは何かを考えていく過程で、この部門が誰を真の顧客と想定しているかが明確になってきます。

なぜならば、バランススコアカードの顧客の視点の戦略目標は、管理部門のサービス・レシーバーの期待や要望が反映されるからで、戦略目標とその成果指標が、彼らの想定している顧客の要求事項や支援目標となるからです。

仮に経理部が、自部門の顧客を社長や経営陣と想定すれば、その戦略目標は「要求どおりにデータをまとめ期日どおりに提出する」といったものになり、その成果指標は、提出要求日の遵守率とか、満足度を表す再作成指示回数（率）、不満足や苦情の発生数（率）というものだけになるかもしれません。

しかし、実状をよく聞いてみると、彼らの管理（サポート）業務はそればかりではなく、上位組織へのレポートや、ビジネスを営む事業部門への支援もあるわけで、とくに事業部門は、管理部門の日常のサービス業務に対してコストを負担している当事者であるにもかかわらず、顧客として認識されていないというのでは、あまりにも気の毒であるといわざるを得ません。

そこで、財務の視点はひとまず置いておき、まず顧客の視点の戦略目標作りからファシリテートを始めることも有効です。

経理業務において、「真の顧客とは一体誰なのか」を再討議してもらいながら、彼らの社内顧客の期待や要求を明確にし、それを顧客の視点の戦略目標に落とし込んでいきます。

さらにその後、戦略マップで因果関係を検証しながら、プロセスや学習と成長の戦略目標を随時決定していくと、経理部門のスコアカードができあがります。

すなわち、「顧客」、「プロセス」、「学習と成長」の3つの視点でバランススコアカードを作るという具合になります。

財務の視点はそれらの3つの視点とは因果関係を持たせずに、年間経費の管理とだけ書いても良いでしょう。年間経費の削減ができれば、管理部門のコストを負担している社内顧客である事業部門の負担も軽くなり、一種の社内顧客満足にもつながっていくというものです。

もともと財務の目標を持たない部門に、それを書けと求めたところで、できるはずはないと思います。

ところで、バランススコアカード作成作業では、いわゆるコア・プロセスと非コア・プロセスの明確化もできるかもしれません。その結果、非コア・プロセス業務削減による管理部門の効率的かつ効果的な戦略機能への特化という意識が高まってくるかもしれません。

小さな本社、サービス・レシーバー重視のクオリティの高いサービス業務、本社や管理部門の戦略的位置づけの明確化などの経営改革実現への可能性が感じられたことで、あらためてバランススコアカードの面白さを感じられます。また、情報システムの投資効果の評価にも使えるのではないかという意見もあります。

管理部門でのバランススコアカードの着眼点を、以下のように整理してみました。

- 社内顧客の事業方針・戦略の理解。
- 「顧客の視点」に社内顧客支援の戦略目標を設定（社内顧客満足レベルの明確化）。
- それらを実現する戦略目標を「プロセス」と「学習と成長」に設定。
- 果たすべき目標の成果指標と目標数値を設定。
- 目標達成度の測定（社内顧客満足度の把握）。
- 結果のレビューと是正へのアクション。

情報システム部門での戦略的活用がモチベーションを高める

バランススコアカードによる情報システム投資効果の測定や評価については、筆者の所属する研究会やフォーラムでも話題になったことがあります。いうまでもなく、情報投資の評価の必要性とその方法についての話題は、日常の会話の中でもよく聞かれるようになってきています。

情報システムの担当者に限らず、実際に費用を負担するユーザー部門はもちろんのこと、経営や戦略に携わる人々も、情報システム開発の有効性ということの課題に大きな関心を持ち始めています。

ただ、投資効果の定量化が難しいこともあり、それらの要求を満たすことは容易ではないという声も聞かれます。情報システムを使ってどのような成果が得られるのかが投資評価の重要な要因になっているからです。

製品やサービスを品質管理とか生産管理のアウトプットと考えると、製品やサービスのアウトカムとしては、顧客の満足度が挙げられます。決められた仕様を満たしているだけでは許してもらえなくなりました。

たとえば、コールセンターのオペレーターさん全員が実際に情報システムやソフトを使ってみて、使い勝手の良さや、問い合わせに対して必要な情報を迅速に取り出せ、その場でお客様にお答えできるヒットレートが向上したかどうか、その結果、戦略目標である顧客満足度やロイヤルティが実現できたのかどうか、が最終的な投資評価、すなわち「アウトカム」として求められてきているのです。

今までは、ユーザーが求める仕様を満たす情報システムを作成して提供すればよかったのですが、これからは、前述したような最終的な投資効果の実現まで考慮したシステム設計が求められるようになったということでしょう。

経営目標に適合し、納得性の高いＩＴ投資効果の「見える化」が強く求められるようになってきたわけです。

一つの考え方として、たとえばＷｅｂサイトが効果を上げるための戦略マップにおいて、顧客へのＷｅｂサイトリニューアルの投資効果を示し、顧客の売上収益拡大というアウトカムにつながっていく因果関係を一目瞭然でわかるようにすると、戦略マップが示す情報システム投資評価のコンセプトが見える化できるわけで、このような戦略マップを社内情報システム構築の案件ごとに作成して、社内ユーザーへの投資効果の説明に使えます。

このような戦略マップ作りを情報システム構築の担当者が意識して行えば、彼らのモチベーションも上がってくるというものです。考えてみれば当然なのですが、情報システムの構築作業をしている人たちが、どのような目的で何を実現するために自分は仕事をしているのかを理解しているかどうかで、仕事へのやる気が違ってくることは言を待ちません。

経営管理との整合性で経営品質が向上する

バランススコアカードを継続的に運用していると、他の経営システムや管理ツールと考え方が似ているなという思いが強くなってきます。

実はバランススコアカードというフレームワークは、既存の経営手法とかなり整合性があるということがわかってきました。ですから、バランススコアカードと企業内を巡るさまざまな経営管理システムをうまく組み合わせて活用しない手はありません。

中期計画、予算管理、目標管理、そして方針管理。また、品質や環境のＩＳＯマネジメントシステム。さらには改善活動やＱＣサークル（同じ職場内で品質管理活動を自発的に小グループで行う活動）。いずれも経営のうえでは欠かせないシステムであり、それらの取り組み目標や成果の把握を、なんとか一つのものに束ねることができないものか、との声が現場から出てくるのも不思議ではありません。

そこで、各事業部で行われている経営システムとバランススコアカードをうまく整合させて有効に活用してみてはどうでしょうか。

もしバランススコアカードで既存の経営システムを束ねることが可能であるならば、現場での負担を軽減させるばかりではなく、現在の経営システムや管理手法の有効性をさらに高めることができるかもしれません。

たとえば、予算管理の重要目標をバランススコアカードの「財務の視点」に入れて使用すると、予算やビジネス結果の定期的な報告が可能になり、ビジネスや業務の全体を見るナビゲータとしてとらえてみると、その活用の考え方が良くわかるはずです。

また、どうしても現行の予算管理制度を維持したいのであれば、そのままバランススコアカードの指標のバックデータとして残しておいても良いかもしれません。

いっとき話題になった「超予算」、「脱予算」というＢＢＭ（Beyond Budgeting Management）と呼ばれる管理手法で、予算達成度という短期的な財務成果のみならず、中期的に財務業績に大きな影響を持つ非財務KPI（主要成果〈業績〉指標）に注視しながら、戦略自体の進捗を管理する方法でも活用できます。

言い換えると、バランススコアカードを用いて事業特性に応じたローリング（中期～長期計画を周期的に見直し、部分的に改良を加える手法）業績予想を行っていくと、超予算経営モデルを行うことができるという考えもあるようです。

方針管理制度は、日本企業のお家芸的経営手法といわれているもので、現在でも多くの組織で採用されています。

しかし、１９９０年代になってからは、従来の方針管理制度では不足していた、先を見据えた戦略立案の要素を取り入れる「戦略的方針管理」への進化を目指す機運が高まりました。そこで部分最適な視点から組織全体の目標展開と達成につなげる全体最適なものに改善するため、方針に整合させるための事業計画策定にバランススコアカードの考え方を取り入れることも有効です。

また、経営品質の基本的な考え方は、組織の価値を向上させることにあり、組織の価値を測る指標の一例が株価であるとすれば、そのステークホルダー（利害関係者）は株主であり、株主満足の実現がその一例として考えられます。そして、その達成のためには継続的な利益を確保しなくてはなりません。

一方で、利益を与えてくれるのはお客様ですから、顧客満足の実現は株主満足を達成するためにに不可欠です。さらに、お客様に商品を買ってもらうには、品質、サービスなどの付加価値を生むプロセスや仕組みが必要になってくるので、そのためには、高い社員満足や正しいコミュニケーションの実現が必要になってくるはずです。

そうしないと、やはり良い商品やサービスを生み出し、顧客満足の実現などはできません。株主満足と継続的な利益を一つにまとめて考えてみると、以上のことから経営品質を高める要因は4つに分類され、これらはBSCの4つの視点にぴたりと当てはまります。

少し乱暴にいうと、バランススコアカードを導入して運用を続けると、全部ではないにしろ、経営品質の要求事項に対してある程度応えられることがわかってきました。

事実、バランススコアカードを導入展開してから経営品質のアセスメント（評価・査定）をすると、実際的な説明ができ成熟度評価スコアが上がっていくのです。

このことから、バランススコアカードの導入が経営品質の向上を補完できるという論理が成り立つのではないか、と筆者は考えています。

この考え方は、ISOマネジメントシステムの併用でもいえることです。ISOマネジメントシステムは、２０１５年に改訂され、その構成フレームワークは、実際の経営や事業の仕組みと類似してきています。

そこで、バランススコアカードを経営品質活動やＩＳＯマネジメントシステムの目標にしてしまおうという事例もあり、品質目標の達成度が判定可能でビジネス方針との整合性が取れているバランススコアカードで作成する、というように変更している企業も散見されます。

このような取り組みにより、現場はビジネスや業務の目標とＩＳＯマネジメントや経営品質活動の目標を一つの目標として共有し、その達成に向かって労力を集中することができるようになるはずです。

第3章

5つの視点の因果関係で分析する生産管理論

優れた製品やサービスを生み出す諸要因を探る生産管理

2017年度から4年間にわたり、桜美林大学ビジネスマネジメント学群で「文科系学生のための生産管理論」の講義を担当したことがあります。

なぜ文科系大学で生産管理論なのか、という質問も聞こえてきそうですが、昨今は生産管理といっても、その定義の領域は広く、経営戦略からマーケティングやアフターサービスまでを網羅する学問体系となっています。

そのため、かつてのように単に生産工場での製造のための生産管理という狭義なものではなく、文科系学生が将来就職先として選ぶと思われるサービス業の分野も含めての生産管理論を目指した授業プログラムにしました。

現に、授業の演習では企業経営についてよくわからない学生であっても、「この量販店でアルバイトをやっているのですが、店長が言っていたのは、こういう意味だったんだとわかりました」といった声も聞かれました。

筆者と生産管理との関わりは、大学の工学部機械工学科に入学したことから始まります。大学の履修科目の中にも、生産管理や品質管理に関する授業科目があり、その講義を聞いて、生産管理や品質管理の基本的な考え方を学びました。

そして、大学卒業後は一部上場の自動車部品製造会社に入社し、工場勤務の製品開発技術部門に配属され、今でいうところのＴＱＭ（Total Quality Management：総合的品質管理）や改善サークルなどを体験しました。そこで体得した知識や経験は、今でも役に立っています。

その後、ご縁があって外資系企業に転職し、そこでも国際調達部門で改善サークル活動やサプライヤー評価などを手掛け、ＩＳＯマネジメントシステムにおける生産管理や品質管理

生産管理論：スーパーマーケットの分析事例	
財務	無借金経営、年率成長%、売上増収
顧客	顧客満足度1位、クラブ会員増大、顧客価値提供
小売業プロセス	・商品開発 ☞ バイヤーによる慎重な吟味、高品質で安い商品開発 ・仕入れ ☞ 徹底した商品の絞り込み（仕入値低減、交渉強化） ・生産・在庫 ☞ 商品品質を落とさない仕組みとマニュアル化、オネストカードによる在庫削減、コスト削減 ・店舗運営 ☞ 戦略商品管理（仮説と検証）、シンプル化、カート（100円玉管理で放置防止）、レジ袋有料化 ・集客・販売 ☞ 地域一の最安値、特売日なし、数量限定セールなし、オネストカードによる顧客の信頼獲得、ご意見板
学習成長	・理念・方針・戦略：☞高品質、Everyday Low Price 、超顧客重視 ・高品質・低価格商品開発や仕入交渉のできるバイヤー育成 ・地域競合店の最新価格情報収集とタイムリーな店舗価格修正

図表1.3.1　バランススコアカードのフレームワークを使った分析例

体系を実践してきました。

当時は、企業にビジネスエクセレンスモデル（経営品質）やＩＳＯマネジメントシステムが取り入れられ始めた頃で、加えて戦略目標展開のために、バランススコアカードなども併用した経営管理手法がグローバルに展開され、いわゆる、新しい形でのＴＱＭとも呼ばれていました。

本稿で扱う生産管理論も、旧来の生産管理という枠から大きく広がり、前記のような手法やフレームワークを取り入れることがその概念になるでしょう。

ビジネスエクセレンスモデルの考え方を具現化したＩＳＯマネジメントシステム（たとえばＩＳＯ９００１：２０１５のような品質

マネジメントシステム）で生産管理の仕組みを構築し、バランススコアカードで方針及び目標展開の流れを設計し、その中の顧客価値創造のプロセス変革にはバリューチェーン（企業のさまざまな活動が最終的な付加価値にどのように貢献しているのかを示すツール）の考え方を取り入れる。そして、それらの重要な成功要因と指標を決めて、ＰＤＣＡサイクルを回していく生産管理理論としました。

そのような意味で、本稿で扱う生産管理理論は、「優れた製品やサービスを生み出す諸要因とは何か、その仕組みと成功要因をさまざまな業界の事例を分析することで紐解いていく授業」といえます。

その分析事例を**図表1．3．1**で紹介します。そこで利活用されているビジネスエクセレンスモデル、ＩＳＯマネジメントシステム、バランススコアカード、バリューチェーンなどのフレームワークを見て、上下の視点の因果関係を理解していただければと思います。

学生の興味を引いた「買い手の立場に立った企業分析」

文科系学生のための生産管理理論は、多くの学生が履修してくれました。

その理由の一つに、シラバスに書いた授業の概要説明があったと思われます。

たとえば、授業紹介には、

「なぜ買いたくなるような製品ができるのか。なぜ使いたくなるようなサービスが生まれるのか。なぜコンビニや量販店で必要なときに必要なモノやサービスを手に入れることができるのか。製造業やサービス業を問わず、競争力を高める成功要因は生産管理の優劣に掛かっているといっても過言ではない。本授業では、生産管理の基本的理論を学び、身近な製品やサービスの生産管理の事例により、競争優位性を生み出す成功要因を理解する。そして、将来の企業幹部や起業を目指す学生の参加を歓迎する」

というように、買い手の立場に立って企業分析をすることを目指したことが、学生の興味を引いたと思われました。

生産管理の優劣が企業の競争力を左右するのであれば、経営学を専攻する学生にとって、「生産管理って、どんな科目なのかな」と自然に考えるはずです。

なぜならば、彼らの多くは、一人の消費者として製品やサービスの訴求価値については敏感であり、また大学の授業でも競争優位性や戦略優位性などについて多くの先生方が取り扱う馴染みのあるテーマだからです。

筆者は、毎回の授業で学生に整理演習をしてもらいますが、その設問の中で「この授業を履修した理由」を聞くこともありました。

その設問に対して、多くの学生は企業の成功要因分析や、買いたくなるような製品、使いたくなるようなサービスというものが、どのような方法で生み出されるのか、その解を生産管理論に求めたと書かれていました。

それを読んで、受講した学生にはその企業の生産管理のプロセスと経営の仕組みをぜひとも理解してもらいたいと考えました。

図表1．3．1の事例にもあるように、この事例分析は、バランススコアカードの「4つの視点の因果関係」で構成されています。

したがって、生産管理のプロセスとしては4つの視点で選択された重要成功要因の因果関係に着目し、組織や個人の能力（学習と成長）が顧客価値を生み出す支援をし、その結果として顧客が買いたくなる製品や使いたくなるサービスが創造され、提供されることにより、顧客の評価が高まり、ひいては企業が目指す企業価値や財務の目標達成につながるといった流れの理解が期待されます。

これらのことから、授業の到達目標を**図表1．3．2**のようにまとめました。

授業の到達目標

・優れた製品やサービスを生み出す企業の生産管理のプロセスと経営の仕組みを説明できる。
・**生産管理のプロセスと財務目標達成への因果関係を説明**することができる。
・企業や製品・サービスの「事例研究」を行い、経営の特徴、強み・弱み、競争優位経営などを生産管理の視点から分析する手法を理解し活用できる。

図表1.3.2　授業の到達目標

そのうえで、学生自身が将来、どのような仕事をしたいのかを想定しながら授業を行い、知識の習得のみならず、これらの命題に沿ってできる限り考える習慣をつけてもらえるような授業、すなわちアクティブラーニングの手法を取り入れて進めていきました。

ちなみに、授業計画としては、前半は生産管理の基礎知識を中心に講義を行い、後半は業界別に企業の事例分析を中心にし、その中に演習を取り入れて、学生自らが考える授業形態としました。参考までに、授業計画の一例を以下に示します。

①全体計画、授業の狙い、評価方法、基本知識などを提示
②製品製造業における生産管理の基本的な理論（2回）
③サービス業などにおける生産管理の基本的な理論（2回）

④顧客価値を高める生産管理の理論
⑤事例研究の進め方、最終課題提出の説明
⑥業界別事例研究（電機・電子、通信機器、自動車、輸送機器）
⑦業界別事例研究（精密機械・医療機器、住宅・建設）
⑧業界別事例研究（スポーツ・玩具、食品、薬品・化粧品）
⑨業界別事例研究（小売、コンビニ、エンターテインメント）
⑩業界別事例研究（病院・介護、ホテル・宿泊）
⑪業界別事例研究（運輸・宅急便・郵便、通信サービス）
⑫業界別事例研究（飲食）
⑬総括

コンセプトは「未来を計画し、未来を実現する」こと

生産管理というと、製造工場で一定の期間に生産する製造計画を作り、計画した所定の数量を、適切な品質で製造し、出荷するといったイメージがありますが、経営の立場で生産管

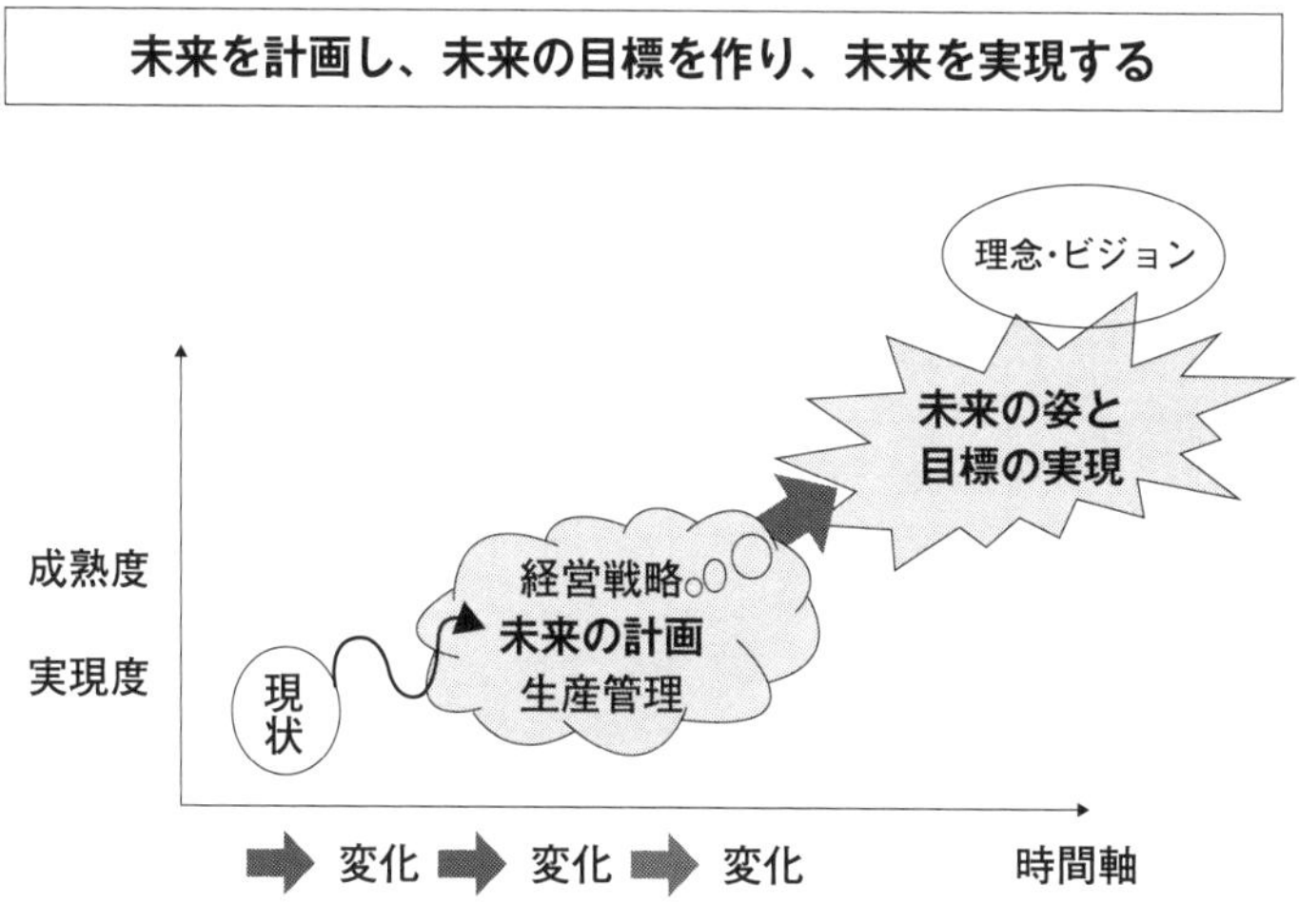

図表1.3.3　未来を計画する生産管理のコンセプト

理を再定義してみると、「生産管理とは、未来を計画し、未来の目標を達成し、未来の姿を実現する取り組み」と考えることができるのではないでしょうか。

たとえば、企業が目指すべき理念やビジョンを決め、それらを現状のポジションと比較することで、そこに至るギャップを把握し、そのギャップを埋めて理念やビジョンに近づく手立てを考えていくことが必要になります。

その手立てが「経営戦略」で、「未来の計画」と呼ばれるものであり、理念やビジョンが未来の姿や目標となるはずです。

未来を計画し、未来の目標を達成し、未来の姿を実現するイメージは**図表1.3.3**のようになります。そして本稿では、未来の計画に相当するものを「生産管理」と位置づけています。この考え方はバックキャスト(backcast：目標とする未来像を描き、それを実現する道筋を未来から現在に遡る手法)と呼ばれているものです。

このように生産管理業務の範囲は広がりを見せています。工場での生産管理という狭い範囲の活動から、経営や事業の戦略、製品や商品の企画開発、それらの設計作業、販売の予測を含むマーケティング活動、生産の計画と資材の調達、一連の作業の管理、そして出荷やアフターサービスまでの広い範囲を考えていくことが、本稿で取り扱う生産管理です。

製造業とは違うサービス業における仕事の流れ

サービス業の活動や仕事の流れを考えると、製造業とは違った流れが見えてきます。たとえば、サービス業の一例としてレストランのプロセスを見てみると、まず、お客様を迎えて席に案内することから始まります。次にメニューをお渡しして注文をいただきます。その注文に応じて飲み物や料理を提供し、食事が済めば料金をいただき、お見送りをする手順が考えられます。

その一連の活動には、サービスの品質を高める正確性、迅速性、柔軟性、共感性、安心感、好印象などの要素があり、お客様の満足や感動を実現していくわけです。

このサービス業のプロセスを製造業のプロセスと比較してみると、両者のプロセスに大きな違いがあることがわかります。それは、プロセスにおける顧客の関与の違いです。

製造業では、製品の材料を仕入れて、自社の方法により工場で生産し、顧客は購入時に他社製品と比較して、納得すれば購入します。

一方、サービス業では、サービスの材料は顧客の課題であり、お客様と一緒にサービスを創っていくことになります。

しかも、サービスは目に見えないことが多いのでサービスの「見える化」とサービスの「測定」が大切になります。形がないサービスを見える化するための工夫が必要となります。

そして、創造と提供と消費が同時に行われるサービスは、サービスの提供者とサービスの受け手は常に真剣勝負となり、サービス人財の意識とスキルが成功のカギとなるでしょう。

そのためには、サービススタッフ（提供者）が顧客と喜びや楽しさを共有したり共感したりできることが重要で、サービスの原点は顧客を喜ばすこと、すなわち顧客価値の提供につながります。サービス業では、お客様と一緒にサービスを創っていく共創が大事なのです。

そこで、サービス業では顧客の事前期待をいかに把握して対応できるかが顧客満足実現の分かれ道です。

事前期待は4つに分類されるといわれています。

1つめは共通的な事前期待で、これは標準化マニュアルで対応できそうです。レストランでいえば、接客や内部清掃などが該当します。

2つ目は個別的な事前期待で、顧客がリピーターなら、顧客のデータベースに入れておくと良いでしょう。「あの顧客は麺類にネギを多く入れてくれと望む」という情報が記録されていれば、そのようにしておけば喜ばれます。

3つ目は状況で変化する事前期待です。会話やしぐさなどを観察することで顧客期待を感じ取ることが必要で、夏の暑い外回りの途中で来店したことが観察できれば、1杯目はぬるいお茶を、2杯目はやや熱めにし、3杯目はコクのあるお茶を差し上げる。すると、「ここのレストランは気が利くね」と感謝されることでしょう。

豊臣秀吉と石田三成の出会いの場面で、三成が同じような茶の淹れ方をしたため、それに秀吉がいたく感心し、秀吉の部下に採用したという逸話もあるくらいです。

そして4つ目が潜在的な事前期待です。お客様がサービススタッフに悩みを聞いてもらったところ、サービススタッフが持ち前の知恵や体験事例をもとに悩みを共有し、共感を示すなどのケースも、潜在的な事前期待への対応といえるでしょう。潜在的な事前期待への対応は、まさに顧客に感動を与えるシーンです。

サービス業に限らず、ロイヤルカスタマーが利益を生み出すといわれています。これを5つの視点で考えてみると、以下のような因果関係があることに、気づかれることでしょう。

・経営のビジョンや経営方針・目標をサービススタッフと共有すること。
・従業員が実力を発揮できる環境と満足度を高めるロイヤルティを持ってもらうこと。
・サービスの品質と生産性を高めること。
・顧客満足度が向上し、ロイヤルカスタマーが増えること。
・売上増加と収益向上により必要な投資ができること。

また、サービス業の経営方針が「お客様の満足を向上させる」というものであれば（経営ビジョンや方針の視点）、必要な人財や経営資源を整えて従業員満足を高め（組織や個人の能力の視点）、サービス価値創造のプロセスの質を高め（顧客価値創造プロセスの視点）、顧客満足や感動を高め（顧客の視点）、結果としてブランドや財務成果などの企業価値を高める（組織価値や財務の視点）というように、ここにも5つの視点の因果関係が見られることがわかります。

組織には2つのレベルのPDCAサイクルがある

「PDCAサイクルを回すことをマネジメントという」と唱えている方々がいます。厳密な定義として適切かどうかは別として、考え方の一つとして的を射た表現と思われます。

PDCAは、計画（Plan）→実行（Do）→チェック（Check）→アクト（Act）の頭文字をとった用語ですが、多くの局面で使われてきました（**図表1．3．4**）。

むろん、ビジネスや仕事のみならず、勉強でもスポーツでも適用できる普遍性の高い手法であり、私たちの日常生活の中でもPDCAが無意識に回っていることを認識する必要があります。

たとえば、グループの仲間たちとイタリアンレストランで会食をする計画を立てるとします。まず、日時やレストランを決めますね。これがPDCAの「P」です。

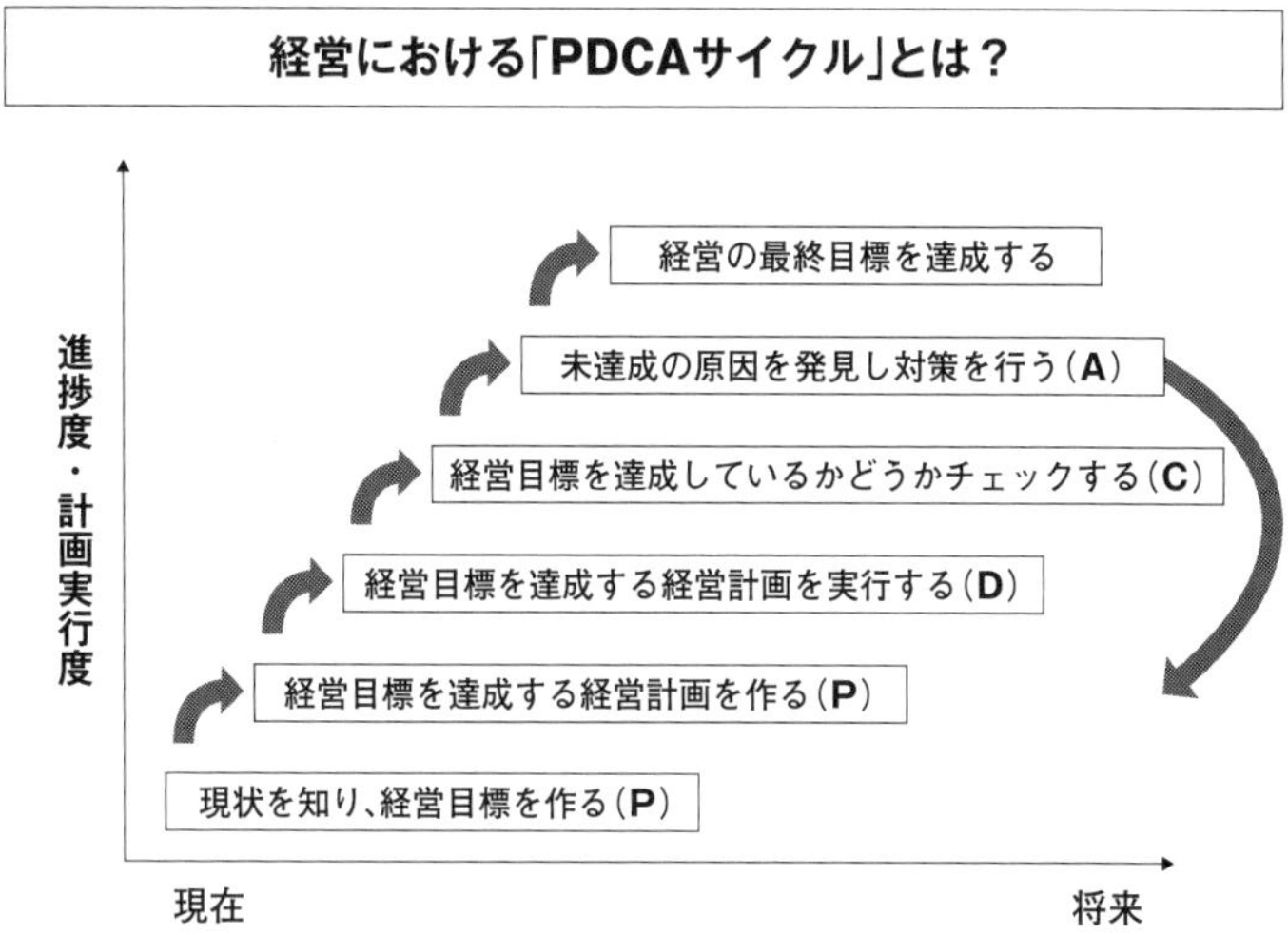
経営における「PDCAサイクル」とは？
進捗度・計画実行度
経営の最終目標を達成する
未達成の原因を発見し対策を行う（A）
経営目標を達成しているかどうかチェックする（C）
経営目標を達成する経営計画を実行する（D）
経営目標を達成する経営計画を作る（P）
現状を知り、経営目標を作る（P）
現在
将来

図表1.3.4　経営におけるPDCAサイクル

そして、そのレストランで食事をします。これが「D」です。食事をした結果、評価をします。これが「C」になります。高額の代金を払った割には、この程度の味と量かと期待を下回ったのか、あるいは期待を大きく上回って感動したのか、「C」の評価結果により、その次の行動決定「A」をすることになります。

期待を下回れば「次は他のレストランに行こう」というアクションになりますし、期待を大きく超える体験をすれば「友人を連れてまた来よう、他の人たちにも推奨しよう」といったアクションにつながるでしょう。

また、船で目的地に向かう航海でも、ゴルフでショットをする場合でも、決めた予定進

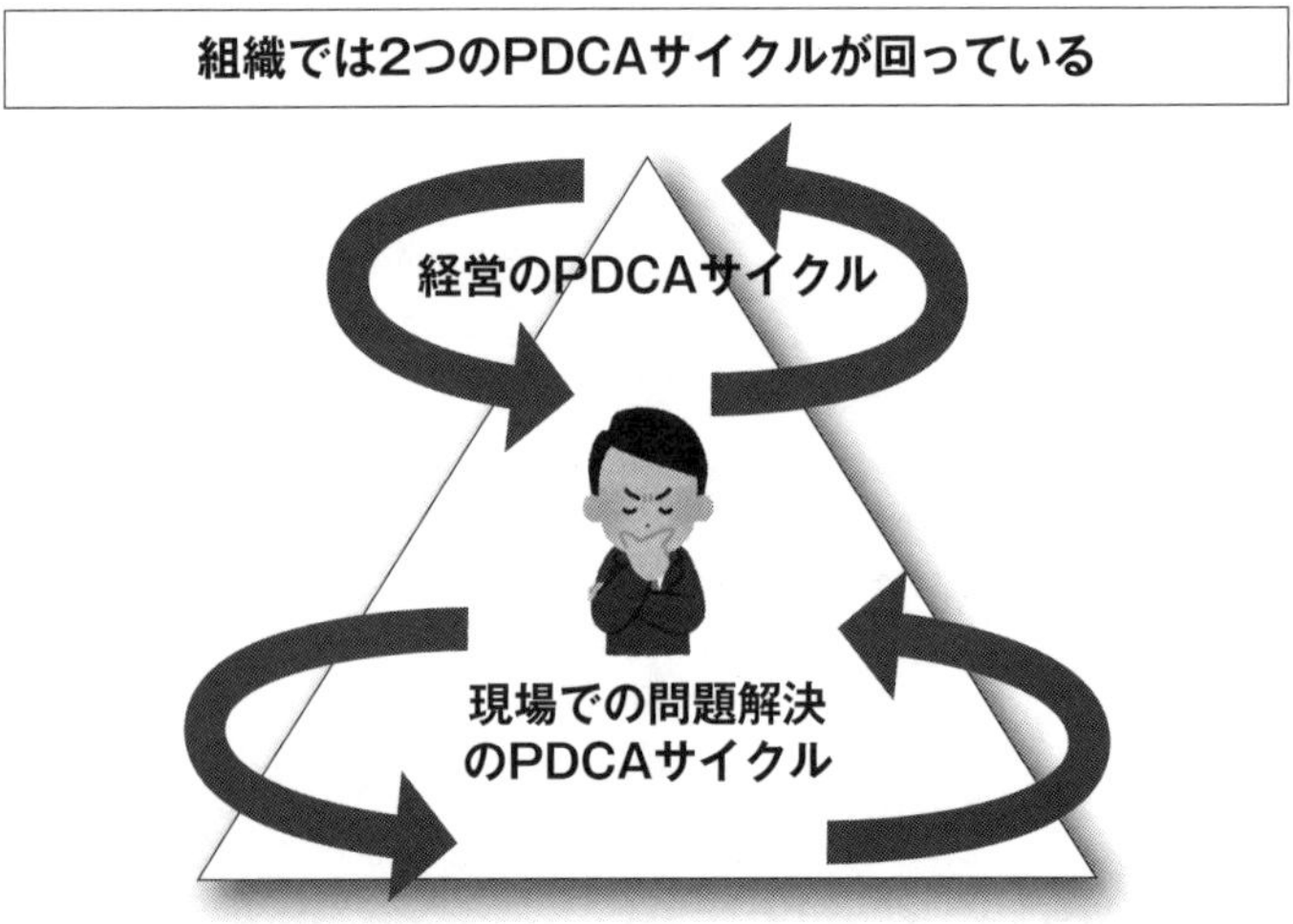

図表1.3.5　2つのレベルのPDCA

路や落下場所に比較して、乖離《かいり》や差異を測定・把握し、修正をしていくPDCAサイクルを回し続けていくことにより、目的や目標に到達するわけです。

スポーツ選手が厳しい練習を経てスキルや実力を高める取り組みにおいても、同じようなPDCAサイクルが回されていることは周知の事実です。

話は変わりますが、企業など多くの組織では、2つのレベルのPDCAサイクルが回っていることがあります。一つは、問題の改善をする課題解決のPDCAサイクルです。顧客から苦情やクレームが寄せられた場合、社内で関係者が集まり、緊急処置とともに再発防止の是正処置報告書が作成されて顧客へ提出されますが、これは問題の改善のＰＤＣＡです。また、社内で不良品が発生するといった問題が起こった場合も同様のＰＤＣＡの取り組みが行われますが、ここが問題だ、そこも問題だなどというようなビジネスや工場の現場で見られるＰＤＣＡです。

もう一つは、どういう会社になるのか、そのためには何を選択して集中するのかといった経営のＰＤＣＡサイクルもあります。こういう会社になるということを明らかにし、そこから経営課題を明確にして経営目標を達成するＰＤＣＡサイクルです（**図表1．3．5**）。

活動の良し悪しを知る管理指標ＫＰＩを知っておこう

５つの視点の因果関係でＰＤＣＡサイクルを回していくためには、一つひとつの活動がうまくいっているのかどうかを知る測定指標が必要です。その指標は、ＫＰＩ（Key Performance Indicator：〈主要成果〈業績〉指標）と呼ばれています。

ＫＰＩは、自分たちが作った（決めた）目標を達成する活動が、どのくらい実行されたのかを管理するための定量的な、あるいは判定・測定可能な指標です。

言い換えると、自分たちが作った（決めた）目標の達成状況がうまくいっているかどうかを測定し、「見える化」し、状況を把握し、評価する定量的な指標ということです。つまり、何を見たら仕事や活動がうまくいっているのかどうかがわかるのか、ということです。

大学生では、ＧＰＡ（Grade Point Average：成績評価値）が学生評価の一例になるでしょう。健康管理においては、体重や血圧の変化、顔色なども重要な監視測定指標です。病院における治癒率、企業における市場占有率（マーケットシェア）などがＫＰＩの例として挙げられます。

私たちの近くにある牛丼チェーンの経営について、５つの視点の因果関係で考えると、付加価値や財務の視点のＫＰＩとしては、売上金額、売上総利益率、営業利益率、回転率などが考えられます。

それらを達成するためには、顧客の評価を得る必要があります。顧客の視点のＫＰＩは、客の待ち時間、回転率（席数に対する客数の割合）、顧客苦情発生状況（件数、内容、対応、是正）などを改善して、顧客満足度を高めていくことが不可欠です。

そして、顧客が評価し、選んでくれる価値創造プロセスの視点では、価格（客単価）や品質に加えてスピードの競争力を高めていくことが重要な成功要因となります。

その成功要因を実現するには、調理や接客をする店員の力量アップといった人財育成が必

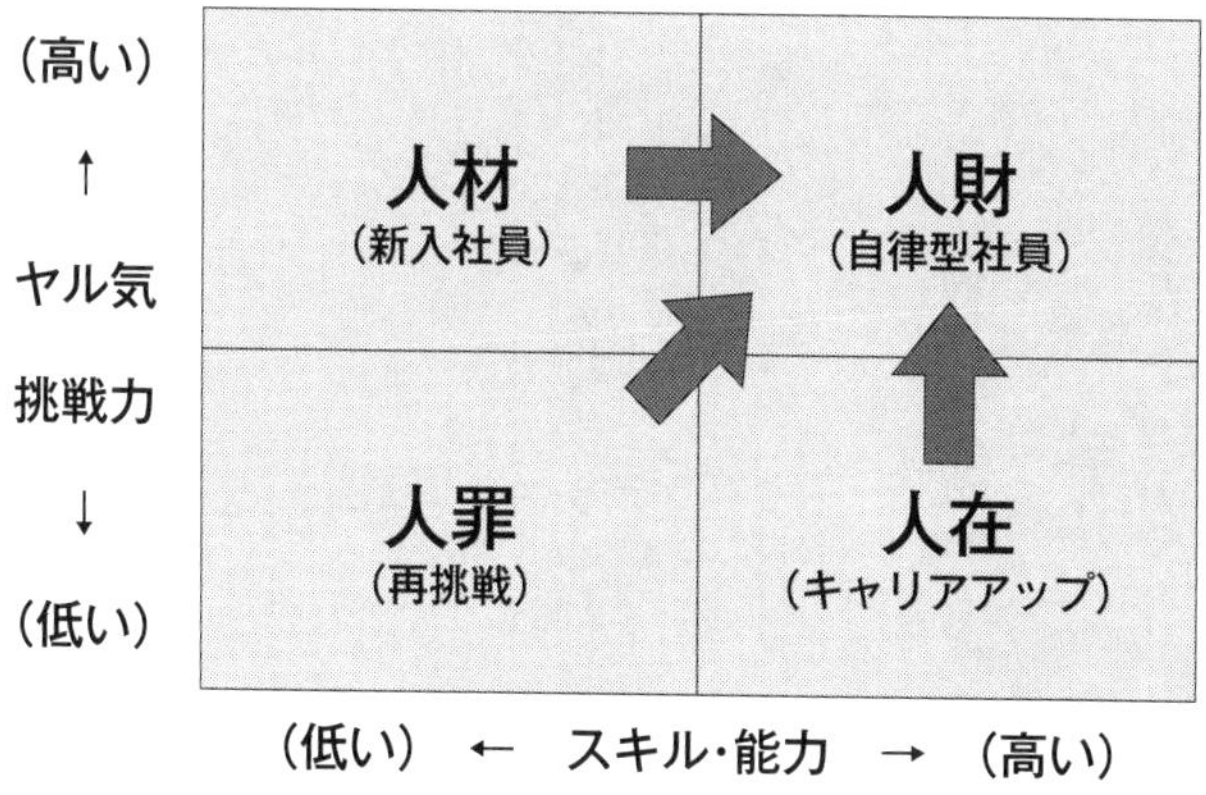

図表1.3.6　4つのジンザイ

要となり、一連の仕事や活動は、牛丼チェーンのビジョン実現や行動規範に沿ったものであることが求められるはずです。

ちなみに、顧客満足度という考え方は、事前期待と現実とのギャップで把握することができます。事前期待が高くても、実際に使った製品・サービスや食した商品の使い勝手や味が悪ければ、それは顧客不満足となり、風聞評価の低下を招いてしまいます。

また、事前期待と実績とが同じレベルであれば、それは顧客満足といえますが、ただ、他により良い製品・商品やサービスが出てくれば、消費者はすぐにそちらに移っていくことでしょう。

そこで必要になるのが、事前期待を上回る製品やサービスを創造し、提供することです。これによって引き起こされるのは「感動」となります。

ロイヤルカスタマーが生まれ、好ましい風評や口コミで顧客の層が広がっていく。生産管理の観点からいえば、生産管理の良し悪しは、顧客が決めるということになります。

さらに、人財育成について触れれば、やる気とスキルの高い人財を育成することが、価値創造プロセスで顧客価値の高い製品やサービスを創造し、提供することができ、結果として顧客満足を向上させます。ひいては財務の成果や経営の価値も高まるという因果関係を実現することになります（図表1．3．6）。

顧客に価値を提供するバリューチェーン（価値連鎖）

企業などの組織では、価値を創造して顧客へ提供するビジネスプロセス（メインプロセス）と、そのプロセスの価値創造を支援するサポートプロセスの2つがあります。

そして、価値を創造して顧客へ提供するビジネスプロセス（メインプロセス）は、5つの視点の因果関係の中にある価値創造のプロセスに包括されることが一般的です。

その価値創造のプロセスは、一つひとつの工程が連鎖的につながり、流れる姿で表されるため、バリューチェーン（価値連鎖）と呼ばれています（図表1．3．7）。

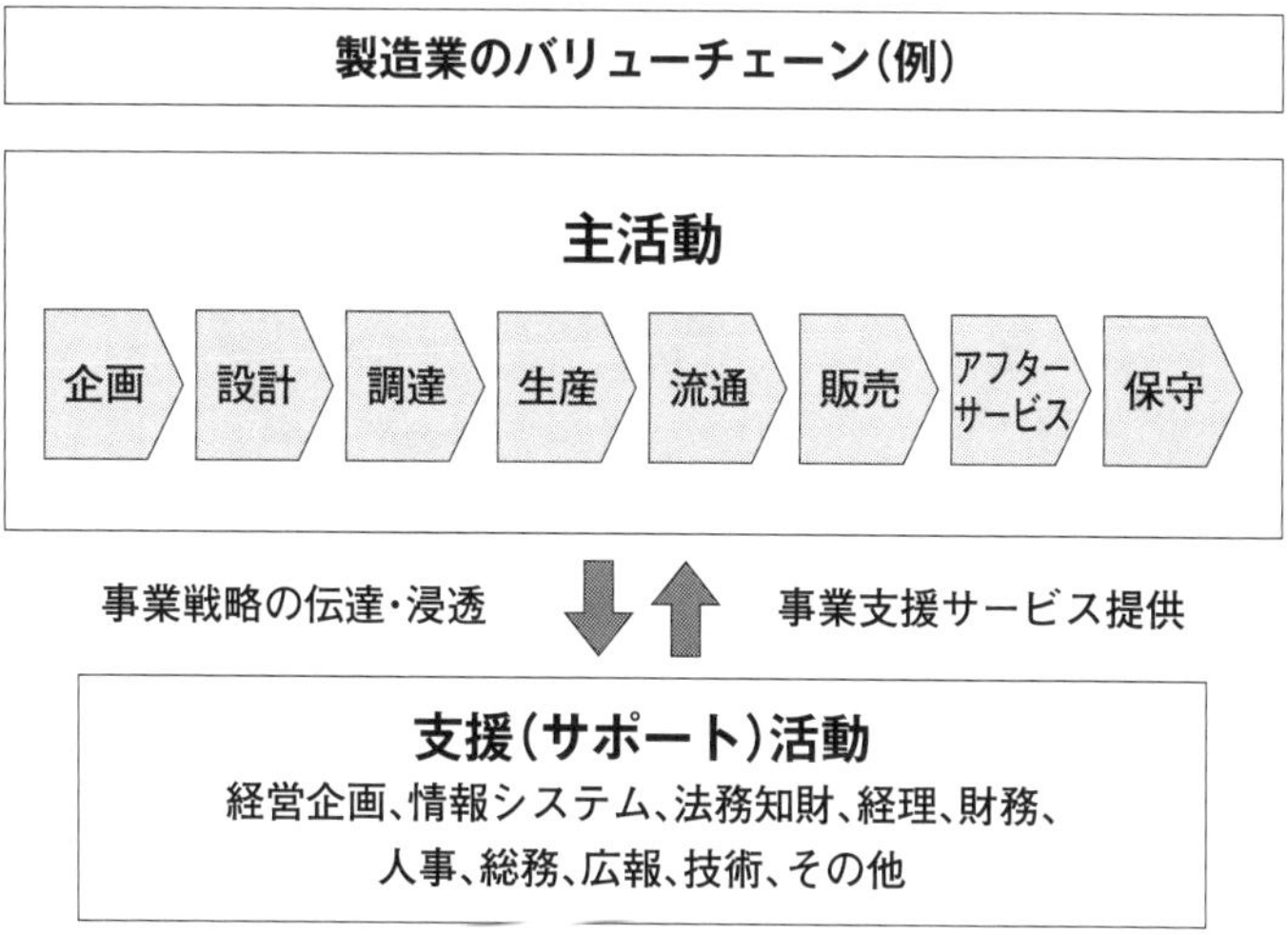

図表1.3.7　製造業のバリューチェーンの一例

バリューチェーンは、狭義のバリューチェーンと広義のバリューチェーンがあります。狭義のバリューチェーンとは、たとえば製造工場では、原材料の段階（工程）から最終顧客までの消費される段階（工程）の中で、各段階（工程）における付加価値（Value）の流れを示し、業種によってバリューチェーンに出てくる活動内容は変わることになります。たとえば、**図表1．3．7**にある企画から保守やアフターサービスまでの流れが該当します。

一方、広義のバリューチェーンは事業連鎖とも呼ばれ、自社だけでなく、業界の川上から川下までを含めた連鎖の流れといえます。

たとえば、原材料業者→製造業者→流通業

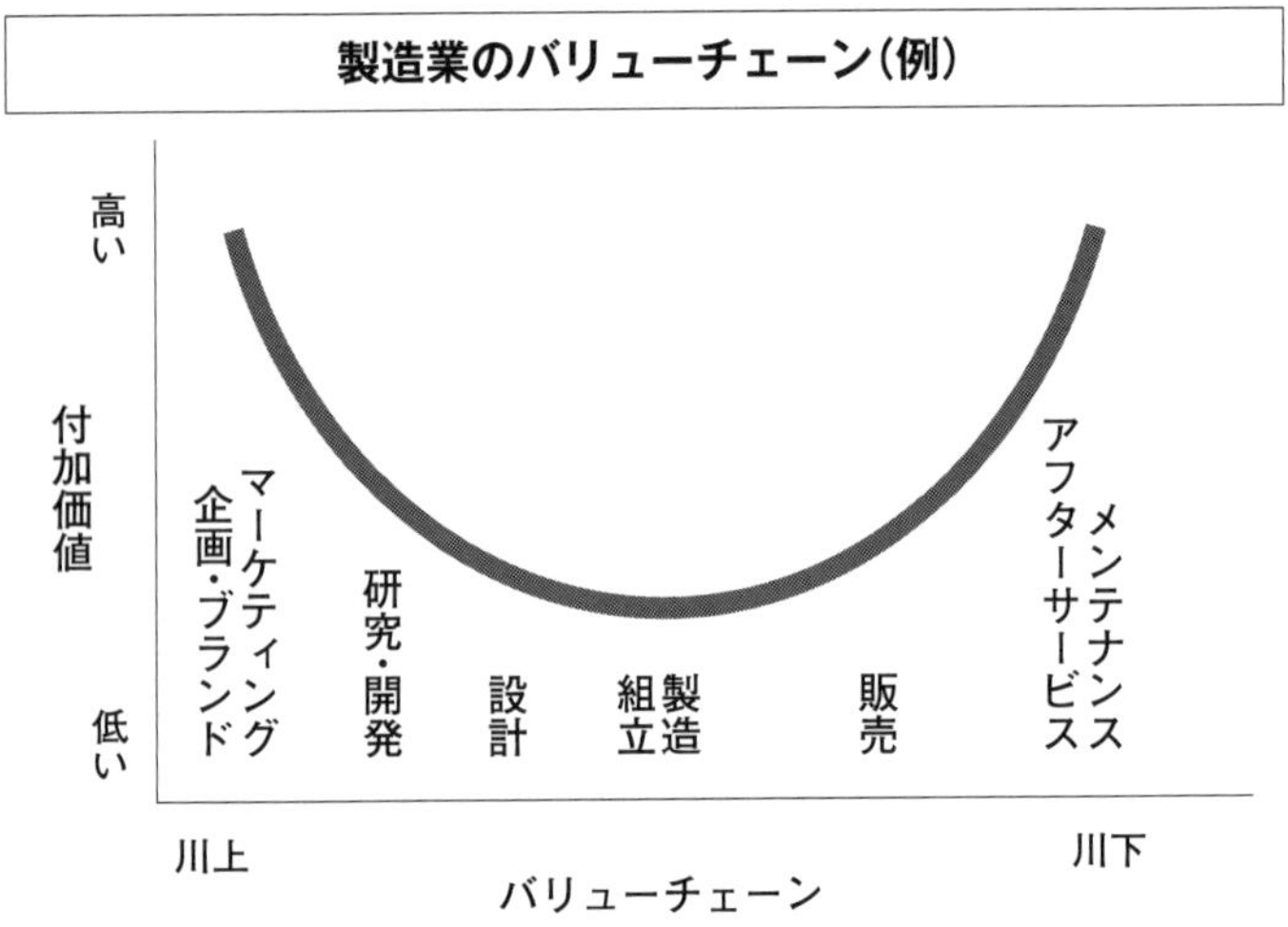

図表1.3.8　スマイルカーブ

者→販売業者→顧客といったような連鎖の流れです。バリューチェーンは、もともと一つの企業が、顧客への価値を作るための活動をモデル化したものですが、実際には最終顧客への価値提供が1社だけで完結することは少なく、商品が最終顧客に届くまでには、複数の企業や組織が関わることが多くあります。

たとえば、電子部品メーカーが電子部品を製造し、家電メーカーが必要な部品を購入して製品を組み立てることで家電製品ができ上がり、それらを量販店などの小売が仕入れ、消費者に販売するといった活動の流れは、広義のバリューチェーンとして扱っても良いのではないかと思います。

バリューチェーンは業界によって異なりま

す。サービス業界であれば、新サービスの企画→営業や広告→サービスの提供→課金→アフターサービスなどのような連鎖になるでしょう。

建設業では、企画→設計→見積→受注→購買→施工→引き渡し→保守などの連鎖が考えられます。そして、銀行業では、企画→店舗運営→営業→販売→運用→アフターサービスでしょうか。

ちなみに、「スマイルカーブ」と呼ばれるグラフがありますが、縦軸に付加価値、横軸にバリューチェーンを設定すると、価値連鎖の中で左右両端にある活動（製品企画・開発やアフターサービス）よりも中央に位置する機器の組み立てや製造などのほうが、付加価値（収益性）が低いことを表しているカーブで、人が笑っている口元に似ているので、スマイルカーブと呼ばれています（図表1‐3‐8）。価値連鎖の中で、両端にある製品企画開発やアフターサービスよりも、中央に位置する機器の製造などのほうが付加価値（収益性）が低いことがわかります。

バリューチェーンから考える管理指標ＫＰＩ

企画から設計、調達、生産、流通、販売、保守など、価値連鎖としての活動の流れを考えると、それらの仕事がうまくいっているのかどうかについて、知りたくなります。

それぞれの活動が計画どおりに行われているか、それぞれの活動の間にムダ、ムラ、ムリはないか、それぞれの活動は、何を見て管理しているか。それらの主要な成果や業績を見る指標の一つに、ＫＰＩ（Key Performance Indicator：主要成果〈業績〉指標）があります。

一例として、自動車のバリューチェーンを考えてみましょう。**図表１．３．９**のように、活動の流れが①から⑦まであるとき、それぞれの活動がうまくいっているかどうかを把握する指標を設定できます。

新型車のコンセプトの立案は、計画どおりに実行されたか、その設計図も計画どおりに、かつ生産工程で問題が発生しないように作成されたか、生産に必要な資材や設備、協力業者、それに生産そのもののＱＣＤ（Quality：品質、Cost：コスト、Delivery：納期）は大丈夫か、販売店への出荷は要望どおりの納期を守れたか、販売店での販売は計画どおりに受注できた

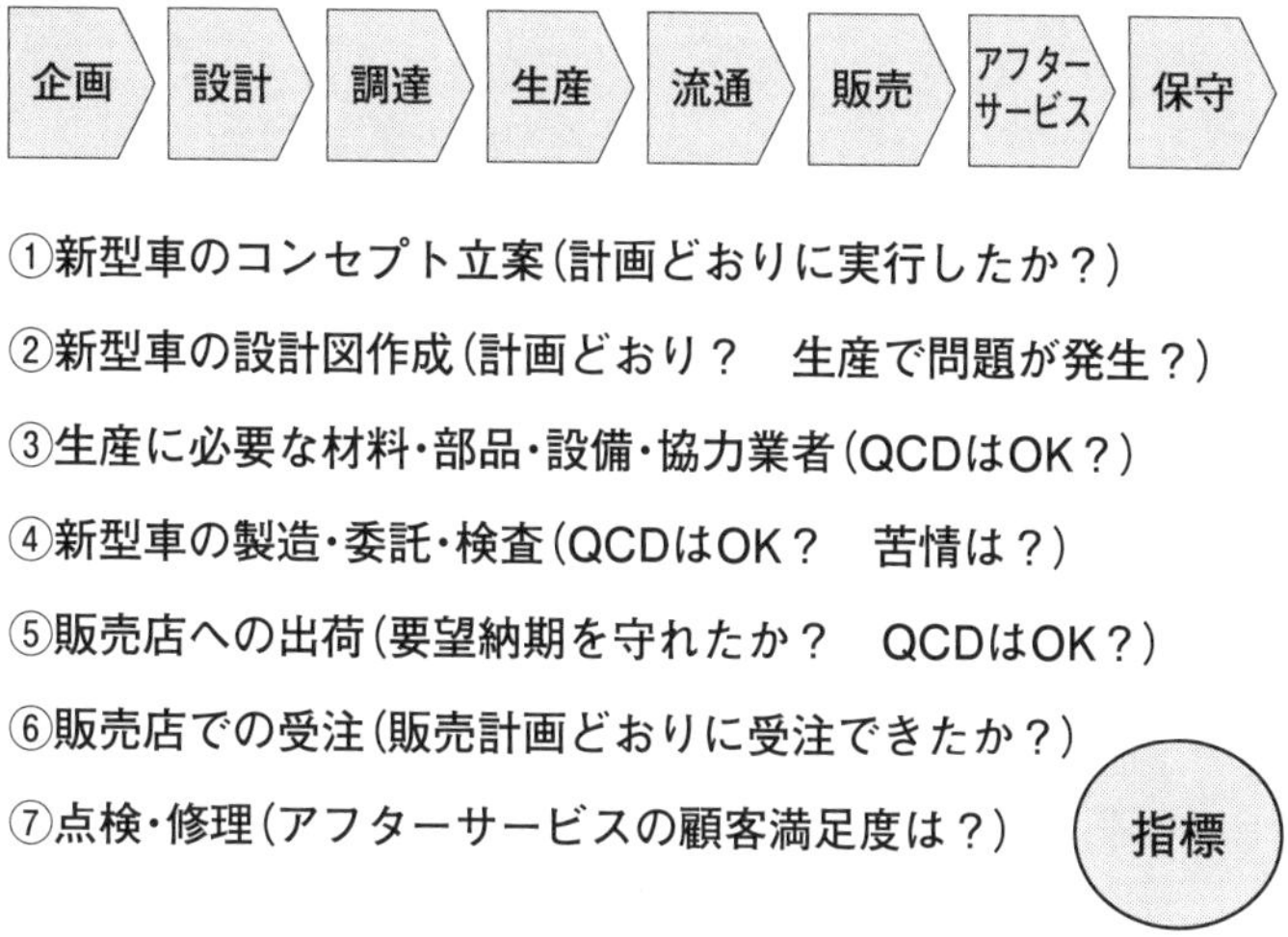
企画
設計
調達
生産
流通
販売
アフターサービス
保守
①新型車のコンセプト立案（計画どおりに実行したか？）
②新型車の設計図作成（計画どおり？　生産で問題が発生？）
③生産に必要な材料・部品・設備・協力業者（QCDはOK？）
④新型車の製造・委託・検査（QCDはOK？　苦情は？）
⑤販売店への出荷（要望納期を守れたか？　QCDはOK？）
⑥販売店での受注（販売計画どおりに受注できたか？）
⑦点検・修理（アフターサービスの顧客満足度は？）
指標

図表1.3.9　バリューチェーン（価値連鎖）と管理項目の一例

か、顧客の苦情への対応やアフターサービスでの顧客満足度は高まっているか。経営者や担当者なら、とても気になるところです。

したがって、これらの活動状況や結果を把握するためには、それぞれの主要活動に測定指標を設定し（**図表1.3.10**）、それらの成果や実績を測ることが不可欠となります。

これらの測定指標は、製造業に限らず、サービス業でも適用されるべき管理指標となります。たとえば、皆さんの身近にある牛丼チェーン店を事例として考えてみると、**図表1.3.11**のような活動の連鎖となりますが、一つひとつの活動では、どのような測定指標が適切か、皆さんが牛丼チェーンの経営者や店長になったつもりで考えてみてください。

主活動	ＫＰＩ・単位
企　画	スケジュール順守率（%）
設　計	スケジュール順守率（%） 設計不具合発生率（%）
調　達	調達品問題発生率（%） 委託先問題発生率（%）
生　産	スケジュール順守率（%） 製造のＱＣＤ問題発生率（%）
流　通	販売店への納期順守率（%）
販　売	販売・受注計画達成率（%）
アフターサービス	販売後の顧客満足度（スコア）
保　守	迅速な修理の実施率（%）

図表1.3.10　主活動と管理指標(KPI)の一例

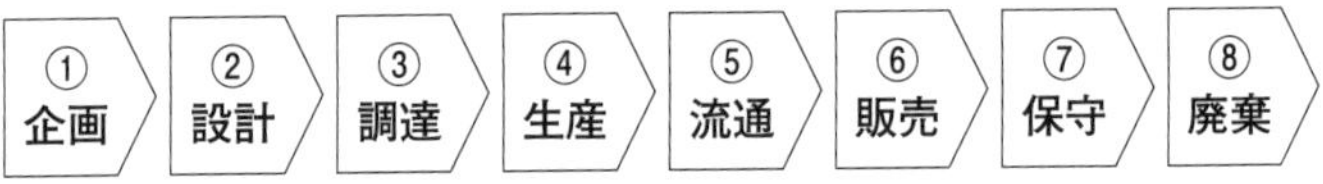

①新しい牛丼のコンセプトを開発する

②新しい牛丼のレシピを決める

③新しい牛丼を作る食材や資材を購入する

④新しい牛丼を店舗で作れるよう中間加工食材を作る

⑤店舗の注文を受けて店舗へ配送する

⑥店舗で受注・販売・売上管理(現金回収)を行う

⑦店舗設備の保守・衛生管理

⑧余った食材、食べ残し、包装資材などの廃棄物を処理

図表1.3.11　牛丼チェーン店の事例

バランススコアカード的生産管理論から各業界を考える

この項では、生産管理論で使ったテキストの中から、業界別の説明資料を紹介します。

(1) 自動車業界

今日の自動車業界は革新の嵐に見舞われており、業界を取り巻く環境が大きく変わろうとしています。そのため、これまでに発展成長してきた自動車会社が今後も安泰ということは考えられなくなりました。

通信技術のイノベーションを屈指した他の異業種からの参入も含め、世界のトヨタといえども、技術革新の手を緩めることはできなくなってきています。

そのような状況から、現在の自動車業界は100年に1度の大変革時代と呼ばれています。そのキーワードは「CASE」(Connected Autonomous Shared Electric)です。

「コネクテッド、自動運転、シェアリング、電動化」のことで、コネクテッド＝自動車がネットに常時接続すること(車がネットにつながること)で、位置情報に加えて最適ルート

自動車会社の中期経営計画をバランススコアカードで分析	
戦略目的 ⬆	・お客さまの購入検討から保有までの経験価値重視経営の実現 ・ブランドパワーとセールスパワーの向上による世界市場占有率と利益率の向上
	戦略目標/ 重要成功要因
財務の視点 ⬆	・中期経営計画の目標達成（事業拡大による成長の加速） ・売上高営業利益率の増加（○%）
顧客の視点 ⬆	・ブランドの向上・ブランドパワーの強化実現 ・グローバル市場占有率の増大（○%） ・世界の市場・セグメントの○%をカバー ・お客様の経験価値向上（購入検討時から保有期間を含めたトータル） ・販売網の投資拡大
プロセス（変革）の視点 ⬆	・幅広い商品計画達成（平均○週間毎に1車種の新型車投入） ・電気自動車の計画達成（○○○万台、ゼロエミッションリーダーシップ） ・新たな先進技術を商品に搭載（毎年○○件、合計○○以上） ・品質（クオリティ）の向上 ・コストリーダーシップ発揮（トータルコスト年間5%低減）
学習と成長の視点（組織と人の能力）	・セールスパワーの向上 ・経営方針・戦略の共有化 ☞ちょっと少ないかな？　上欄の目標を達成する因果関係がないと……？

図表1.3.12　バランススコアカードのフレームワークによる分析（自動車業界）

の把握による運送や配送の効率を高めます。コネクテッドは、自動運転に不可欠なハイテクといえるでしょう。

アライアンス（alliance：業務提携、戦略的同盟）も進み、他社と協力することで、新技術の開発への取り組みが活発化しています。先進技術は莫大な研究費がかかり、1社単独ですべてを賄うのは不可能だからです。

図表1.3.12は、某自動車会社の少し前の中期経営計画を参考にして、バランススコアカードのフレームワークを使って作成したものです。この図表からは、学習と成長（人と組織の能力）の向上を目指す取り組みが不足しているように思えます。

ところで、**図表1.3.13**は、本田宗一郎

本田さんの経営をバランススコアカードで作ってみる

私の名前は本田宗一郎です。若い人は私の名前を知らないかもしれませんが、私はオートバイを作るのが好きでした。

① 私は「箱根の山を故障せずに上り切るオートバイを作る会社になる」というビジョンを掲げて会社を経営してきました。

社員にもその目標を話し、研究を重ね、技術を高めるために世界的なレースに出場して優勝することも目指しました。そのおかげで、本田のオートバイは品質が良いと世界で有名になり、会社の売上も大きく伸びてきたのです。

② もうひとつの経営目標は、誰でも簡単に乗れるバイクを作り、多くの人達に便利に使ってもらおうということでした。

とくに蕎麦屋の出前持ちの皆さんから、片手で運転できるような簡単に運転できるバイクを作ってくれ、と言われ、スーパーカブという小型バイクを作って販売したところ、これが大ヒットしたのです。私たちの昼夜にわたる研究や技術開発が実を結んだのでした。

中小企業から成長し、いまでは自動車も生産販売しています。これからは航空機も作っていくかもしれませんよ。

図表1.3.13 演習事例

本田さんの経営をバランススコアカードで作ってみる

BSCの視点	重点目標	KPI	達成目標
経営ビジョン	① ②		
財務の目標			
顧客・社会の目標			
業務プロセスの（改善）目標			
組織・個人能力の向上目標			

図表1.3.14 演習回答記入欄

さんがホンダを経営した歴史をごく簡単にまとめたものです。この演習事例を読んで、**図表1．3．14**を作成してみてください。きっと、バランススコアカードのフレームワークで考える5つの視点の因果関係が、さらに明確に理解できると思います。

(2) アパレル業界

ユニクロは、企画・素材開発・素材調達・生産・物流・販売までを一貫して行うSPA（アパレル製造小売業）として、高品質なカジュアルウエアを手頃な価格で提供し、他社が真似できない独自商品を販売し、日本のみならず世界のアパレル市場で発展しています。

アパレル業界でよく聞かれる用語に「SPA」があります。SPAとは、アメリカの衣料品小売大手GAPのドナルド・フィッシャー会長が1986年に発表した「Specialty store retailer of Private label Apparel」（小売企業でありながら、自社でリスクを負って商品企画、生産から販売までを一貫して行う形態の小売業のこと）の頭文字を組み合わせた造語です。

1990年代に入ってその概念は広く行き渡り、現在では素材調達、企画、開発、製造、物流、販売、在庫管理、店舗企画などすべての工程を一つの流れとしてとらえ、サプライチェーン全体のムダ、ロスを極小化するビジネスモデルと定義されています。

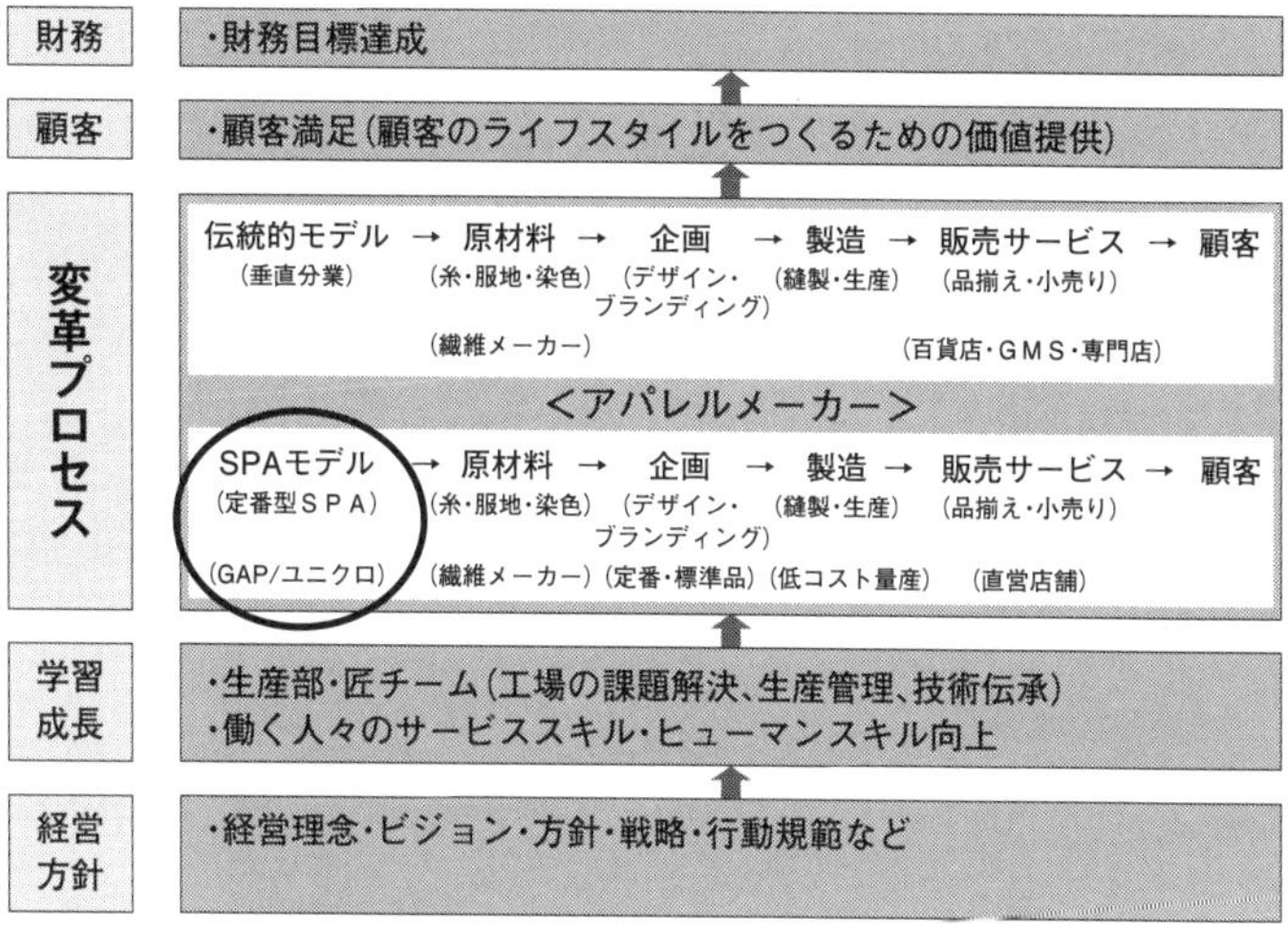

図表1.3.15　バランススコアカードのフレームワークによる分析(アパレル業界)

SPAのメリットは、

・自店の顧客ニーズを的確にキャッチできる。
・リーズナブルな価格で製造できる。
・情報ネットワークを駆使し、売れ行きをチェックし、変化に早期に対応できる。

などが挙げられますが、物事には表があれば裏もあるわけで、デメリットは、

・自らの企画、生産であるため、リスクが大きい。
・顧客リサーチから企画に仕上げるまでに手間がかかる。

・工場管理から店頭オペレーションまで幅広いノウハウが必要である。

などがあります。

アパレル業界をバランススコアカードのフレームワークで分析してみると、**図表1．3．15**のようになるでしょうか。

（3）小売業界

ここでは、コンビニエンスストアとスーパーマーケット業界を取り上げてみました。コンビニエンスストア業界では、専用工場で弁当、おにぎり、サンドイッチなどを拡販。淹れたてコーヒーの販売も好調です。狭い店でも高収益を出し、自動化・省力化を推進しています。発注業務では天候、販売傾向、地域情報などを参考に仮説を立て、端末に発注量を人が判断して入力し、仮説検証し、次の発注に生かす「商人」の意志を発注に込めて生産性向上を狙うところもあります。業績を押し下げる販売機会逸失（機会損失）回避への注力も強くなっています。

コンビニエンスストアの特徴的な戦略は、ドミナント戦略による出店です。一定地域に集

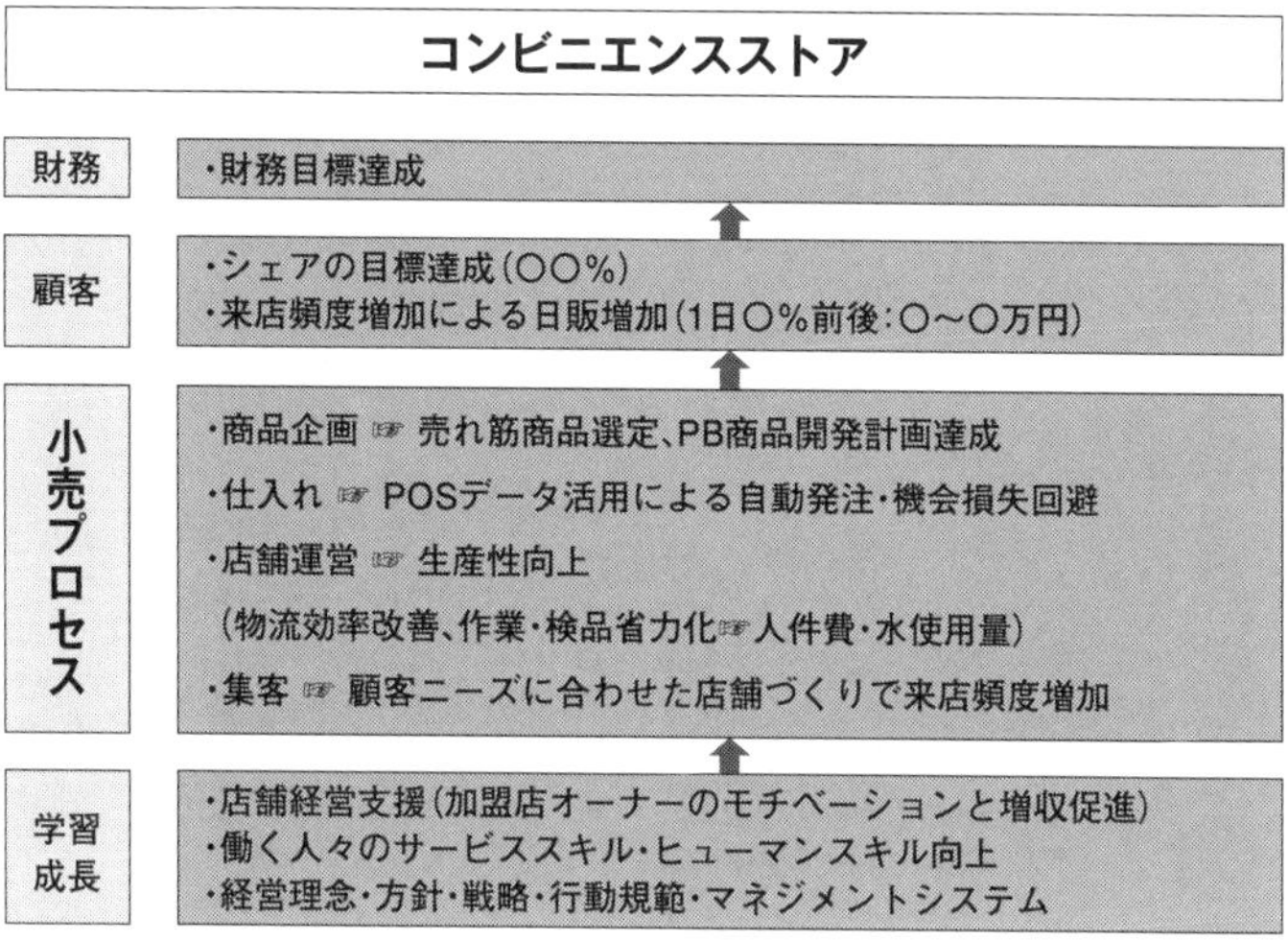
コンビニエンスストア
財務
・財務目標達成
顧客
・シェアの目標達成（〇〇%）
・来店頻度増加による日販増加（1日〇%前後：〇～〇万円）
小売プロセス
・商品企画 ☞ 売れ筋商品選定、PB商品開発計画達成
・仕入れ ☞ POSデータ活用による自動発注・機会損失回避
・店舗運営 ☞ 生産性向上
（物流効率改善、作業・検品省力化☞人件費・水使用量）
・集客 ☞ 顧客ニーズに合わせた店舗づくりで来店頻度増加
学習成長
・店舗経営支援（加盟店オーナーのモチベーションと増収促進）
・働く人々のサービススキル・ヒューマンスキル向上
・経営理念・方針・戦略・行動規範・マネジメントシステム

図表1.3.16　バランススコアカードのフレームワークによる分析
（コンビニエンスストア業界）

中出店するドミナント方式（高密度多店舗出店）を実施し、店舗網を徐々に広げて知名度を上げていき、配送効率の面でも鮮度の良い商品を提供することができる取り組みです。

また、1つのエリアに集中出店することで競合店の進出を防ぎ、同エリアでの売上を最大限アップさせる狙いもあります。さらに、チェーンの認知度の向上や来店頻度の増加とリピート来店、地域に根差した広告打ち出し、加盟店へのアドバイス時間の確保などの効果が見込めます。

そして、徹底された「単品管理」。1品ごとの動きを管理し、データで検証しながら次の発注精度を高める取り組みです。

スーパーマーケット	
財務	無借金経営、年率20%成長、売上増大
顧客	顧客満足度1位、クラブ会員○○万人、顧客価値提供
小売業プロセス	・商品開発 ☞バイヤーによる慎重な吟味、高品質で安い商品開発 ・仕入れ ☞徹底した商品の絞り込み（仕入値低減、交渉強化） ・生産・在庫☞商品品質を落とさない仕組みとマニュアル化、オネストカードによる在庫削減、コスト削減 ・店舗運営 ☞戦略商品管理（仮説と検証）、シンプル化、カート（100円玉管理で放置防止）、レジ袋有料化 ・集客・販売☞地域一の最安値、特売日なし、数量限定セールなし、オネストカードによる顧客の信頼獲得、ご意見板
学習成長	・理念・方針・戦略：☞高品質、Everyday Low Price、超顧客重視 ・高品質・低価格商品開発や仕入交渉のできるバイヤー育成 ・地域競合店の最新価格情報収集とタイムリーな店舗価格修正

図表1.3.17　バランススコアカードのフレームワークによる分析（スーパーマーケット業界）

商品やサービスを利用する顧客が何を求めているのかを、専用端末を活用しながら予測し、1品ずつ発注。具体的には天気や気温、これまでの販売データや周辺のイベントなどをもとに一定の仮説を立て、それに基づいて発注。販売後は、その仮説がどう結果に結び付いたかを検証し、次回の発注に役立てていくのです。

これらを可能にするためにPOS（Point of sales：販売時点情報管理）システムを導入。得られたデータを基に、売上や顧客の年齢層、購入時間などを分析します。**図表1.3.16**にバランススコアカードでの分析を示します。

次は、スーパーマーケットの分析を**図表**

1．3．17のように作成してみました。学習・成長に書かれている高品質・低価格商品開発や仕入交渉のできるバイヤー育成が、小売プロセスの商品開発で卓越した競争力を生み出していることがわかります。

また、地域最安値による集客と販売を実現させる成功要因として、地域競合店の最新価格情報収集とタイムリーさは店舗価格修正の能力を高める取り組みから生み出されるという、小売業プロセス（視点）と学習・成長の視点との因果が関連づけられている経営の取り組みに注目したいところです。

（4）エンターテインメント業界

エンターテインメントとは、人々を楽しませる娯楽のことで、芝居、演芸、音楽などの催し物を連想します。

娯楽性の高い読み物、通俗小説という意味で用いることもあるようで、『ブリタニカ国際大百科事典』や『デジタル大辞泉』によれば、エンターテイメントとは、「娯楽、気晴らし。また、そのための催し、演芸、余興」などとあります。これらのエンターテインメントを流通させるのが、エンターテインメント産業と呼ばれています。

日本生産性本部が毎年発表している「日本版顧客満足度指数」(Japanese Customer Satisfaction Index) では、劇団四季、宝塚歌劇団、東京ディズニーリゾートなどがランクインしています。この調査は6つの指標で評価を出しているもので、

・顧客期待：利用者が事前に持っている企業・ブランドの印象や期待・予想。
・知覚品質：実際にサービスを利用した際に感じる品質への評価。
・知覚価値：受けたサービスの品質と価格とを対比して利用者が感じる納得感やコストパフォーマンス。
・顧客満足：利用して感じた満足の度合い。
・推奨意向：利用したサービスの内容について肯定的に人に伝えるかどうか。
・ロイヤルティ：今後もそのサービスを使い続けたいか、もっと頻繁に使いたいかなどの再利用意向。

などがあります。

筆者がこの授業をしていて初めて知ったことですが、宝塚歌劇団が常に上位にいることに

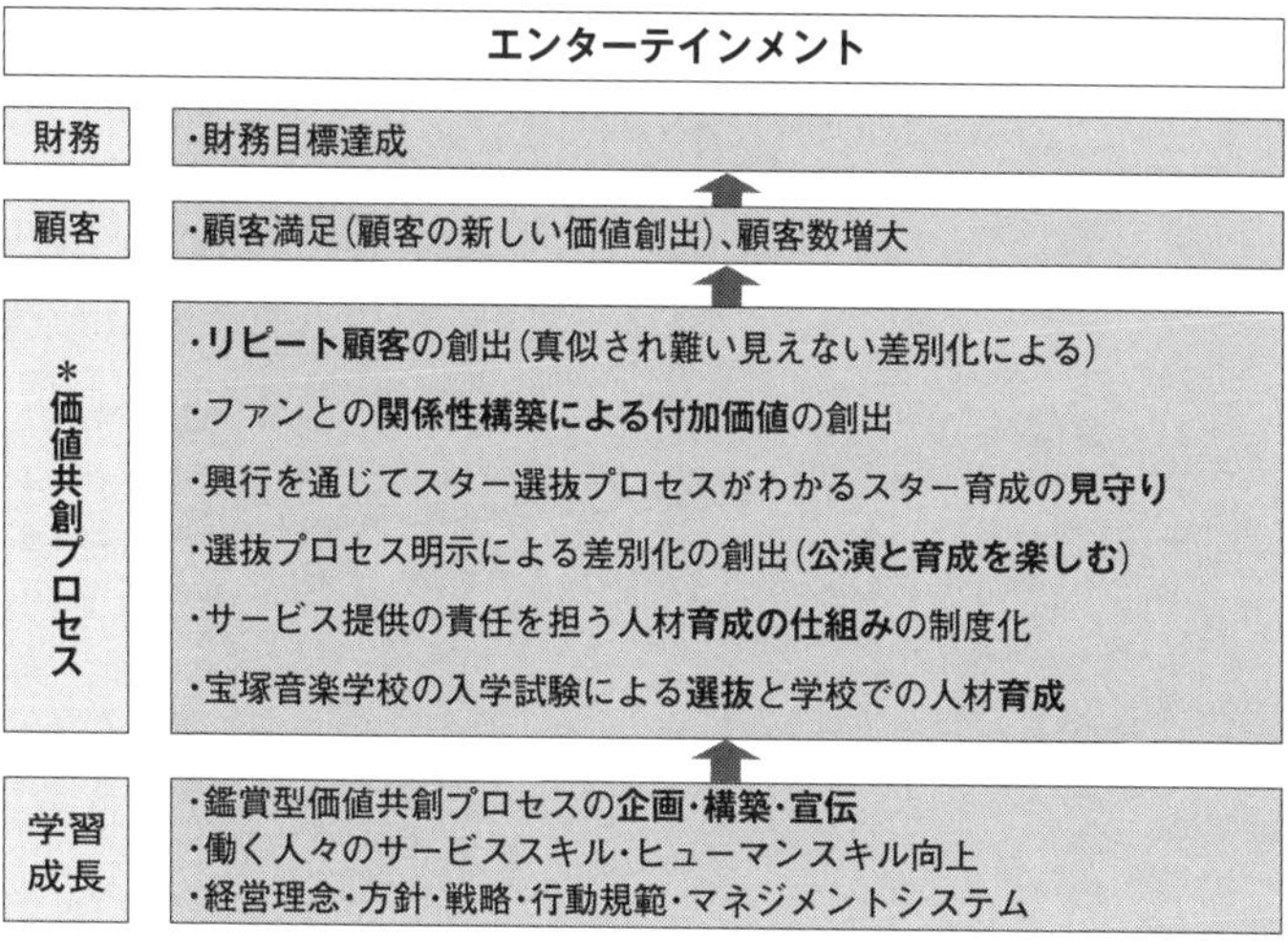

財務	・財務目標達成

顧客	・顧客満足(顧客の新しい価値創出)、顧客数増大

＊価値共創プロセス	・**リピート顧客の創出**(真似され難い見えない差別化による) ・ファンとの関係性構築による付加価値の創出 ・興行を通じてスター選抜プロセスがわかるスター育成の見守り ・選抜プロセス明示による差別化の創出(公演と育成を楽しむ) ・サービス提供の責任を担う**人材育成の仕組みの制度化** ・宝塚音楽学校の入学試験による**選抜**と学校での**人材育成**

学習成長	・鑑賞型価値共創プロセスの**企画・構築・宣伝** ・働く人々の**サービススキル・ヒューマンスキル**向上 ・**経営理念・方針・戦略・行動規範・マネジメントシステム**

＊出所：西尾久美子（2013）「エンターテイメント事業の比較分析」『現代社会研究』京都女子大学現代社会学部

図表1.3.18　バランススコアカードのフレームワークによる分析（エンターテインメント業界）

驚きました。

宝塚歌劇団は、阪急電鉄のエンタテインメント・コミュニケーション事業で、1913年に阪急電鉄創業者の小林一三氏が設立。宝塚大劇場と東京宝塚劇場の2つの専用劇場で稼働率が100%という話を聞いて、また驚いてしまいました。

その経営戦略には、鑑賞型価値共創プロセス（たとえばAKBでも行っている参加型価値共創プロセスと類似）があり、

・主な収益源：劇場収入（AKBはCD・メディア出演料）。

・ファン魅了要素：何度も鑑賞して宝塚らしさを理解。

・ファンの動機：宝塚らしさを理解したい（AKBは夢の実現）。
・ファンの関わり方：生徒の成長を見守る（AKBはプロデュースする）。
・関わるファン：宝塚らしさを熟知したファンのみ（AKBは誰でも参加）。

といった取り組みがあるようです。無形型・消滅性・同時性のサービス財提供が、リピート顧客作りにつながっているといえるでしょう。そのバランススコアカード的分析を**図表1．3．18**に表しました。

（5）ビジネスホテル業界

大都市圏のホテル業界は、シティホテル、ビジネスホテル、エコノミーホテルの3つに大別することができます。シティホテルは、レストランや宴会場を併設しています。一方、ビジネスホテルは都市部駅周辺に立地し、施設は簡素です。そして、エコノミーホテルは宿泊機能に特化し、設備・サービスをきわめて簡素化しています。

ここではスーパーホテルを例に取り上げますが、高品質・高サービスを低価格で実現し、ビジネス関係者を中心に高い人気を得て、近年急成長してきました。日本生産性本部が主宰している日本経営品質賞も2回受賞し、満足度調査でも高い結果を示していました。

ビジネスホテルに限らず、その経営指標は客室稼働率、平均客室単価の向上・維持が重要成功要因であり、リピーターを育成し、増やしていくことが成功の鍵であることはいうまでもありません。

また、リピーター増に向けた取り組みとして、レベニューマネジメント（Revenue management：イールドマネジメント yield management ともいう。いつ、誰に対して、いくらで売れば、自社の収益と顧客の購買機会が最大化するかという分析に基づき、価格の最適解を追求する手法）がありますが、かなりコモディティ化（高付加価値を持っていた商品の市場価値が低下し、一般的な商品になること）し、顧客ロイヤリティを高めるには至っていないといわれています。

そこで、ターゲットを絞り込む効果効用とメカニズムが必要であり、顧客の事前期待値の「ブレ」をコントロールしやすいこと、顧客ニーズの「ブレ」への対応が抑えられること、顧客の質・気質がサービスの質・気質に影響すること、などを考慮したホテル経営が進められています。

たとえば、ザ・リッツ・カールトンホテルでは、自社のビジネスをホテル業ではなく「紳

ビジネスホテル	
財務	財務目標達成（1室あたり平均単価、1室あたりの売上、稼働率）
顧客	顧客満足・感動（調査結果）→リピーター・口コミ・顧客拡大
価値創造のプロセス	・店舗立ち上げ時初月度稼働率（%） 1店舗当りコンセプト返金件数（件数） ・1店舗当り苦情・問い合わせ入電件数（件数） ・ライセンス評価（基本的状態の店舗比率）（%） ・外部予約サイト総合指標（年累計）（スコア） ・社内コンサルティングの支配人満足度（%） ・支援プロセスのパフォーマンス向上（スコア） ・エコ泊数の増加（泊数）
学習成長	・組織と個人の能力向上（サービススキル・ヒューマンスキル） ・従業員満足度の向上、支配人の能力開発プログラム ・経営理念・方針・戦略・行動規範・マネジメントシステム

出所：スーパーホテル（2016）『2015年度経営品質報告書（要約版）』日本経営品質賞委員会より筆者作成

図表1.3.19　バランススコアカードのフレームワークによる分析（ビジネスホテル業界）

士淑女へのホスピタリティ業」ととらえ、同時に従業員を紳士淑女として扱う企業文化を重視。これは紳士淑女をターゲットとし顧客として絞り込むことで、「おもてなし」への共通理解と共鳴の場や品位品格の高い場を創り出していると聞いたことがあります。

ターゲット顧客を絞り込むことで、クレームなどの発生頻度や対処にも大きく関連して、結果的に施策のＰＤＣＡを短期で回して改善への取り組みが可能となることになります。

いずれにしても、ホテルのポジショニングを縦軸に価格、横軸に設備・サービスを取れば、シティホテルとビジネスホテルの勝負する領域は接近してきていますし、ビジネスホテルとエコノミーホテルも同様の傾向が見て取れます。

図表1・3・19で取り上げたスーパーホテルは、1泊当たりの低価格、広い大浴場や温泉施設、選べる寝具、こだわりのベッドやゆったりとした布団、無料で充実した朝食など、顧客の眠りや利便性に特化した生産管理項目が見られます。

「顧客のピラミッド」という言葉がありますが、サービスの表層機能を強化することで顧客満足は上がる一方、本質機能が欠けると不満を引き起こす。単に本質機能を強化しても満足度は上がらないというモデルです。

ホテル業界でも、昔の提供サービスはコモディティ化し、顧客ロイヤリティ向上につながらないことに留意すべきでしょう。

(6) 介護サービス業界

ここでは、日本経営品質賞の大規模部門で受賞した、社会福祉法人「こうほうえん」について、バランススコアカード的分析をしてみたいと思います。

理念ビジョンに基づく地域包括ケアシステム構築、QOL実現などを実践し、プロセス・

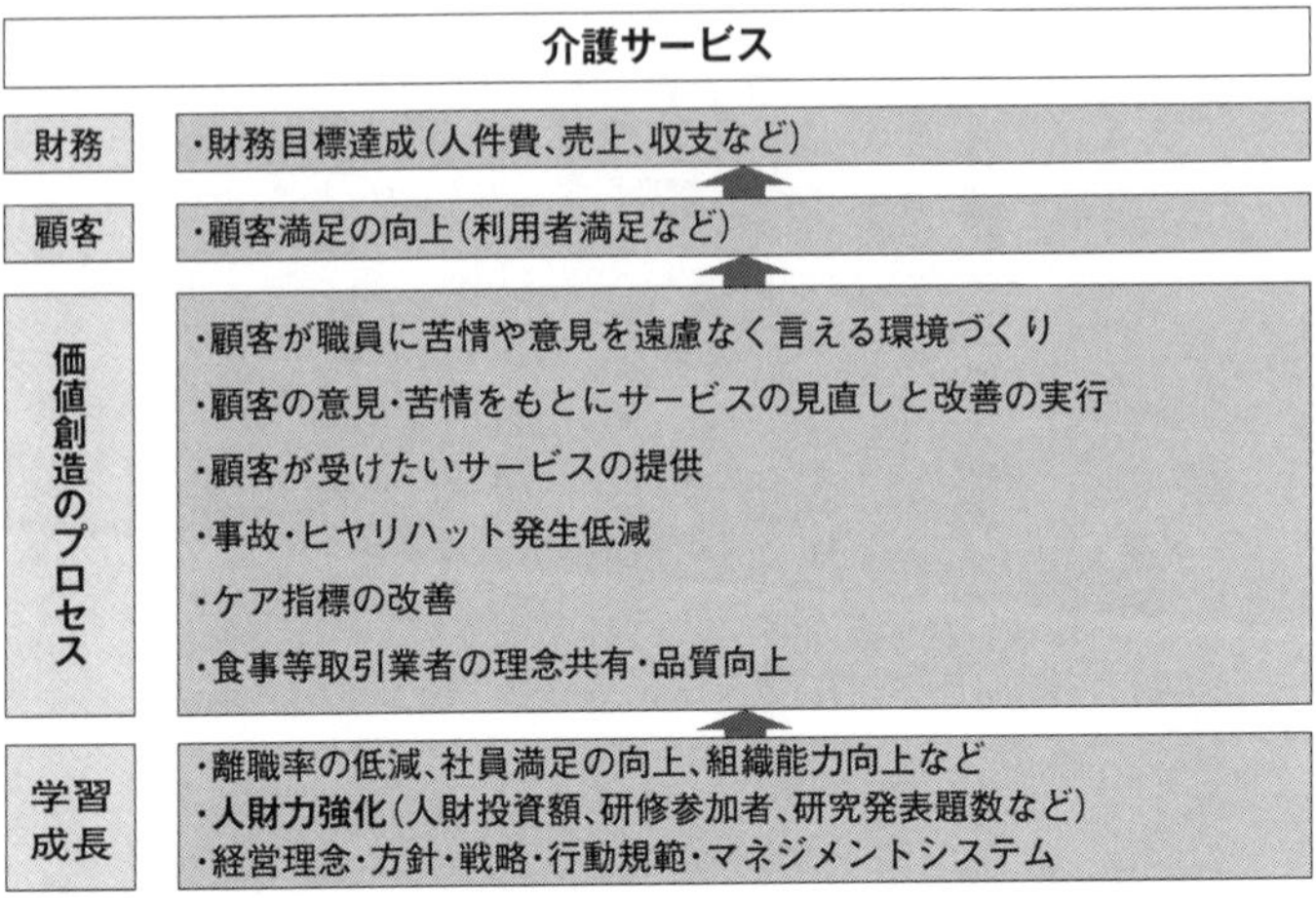
介護サービス
財務
・財務目標達成（人件費、売上、収支など）
顧客
・顧客満足の向上（利用者満足など）
価値創造のプロセス
・顧客が職員に苦情や意見を遠慮なく言える環境づくり
・顧客の意見・苦情をもとにサービスの見直しと改善の実行
・顧客が受けたいサービスの提供
・事故・ヒヤリハット発生低減
・ケア指標の改善
・食事等取引業者の理念共有・品質向上
学習成長
・離職率の低減、社員満足の向上、組織能力向上など
・人財力強化（人財投資額、研修参加者、研究発表題数など）
・経営理念・方針・戦略・行動規範・マネジメントシステム

出所：こうほうえん（2015）『2014年度経営品質報告書（要約版）』日本経営品質賞委員会より筆者作成

図表1.3.20　バランススコアカードのフレームワークによる分析（介護サービス業界）

成果ともに高い実績を生み続けて、将来あるべき介護業界の姿を先取りする優れた考え方とプラクティスを多数持つ組織として評価されたことが報道されています。

また、全体でのＩＳＯ９００１（品質マネジメントシステム規格）の認証を取得し、さらに客観性、根拠に基づいた介護サービスの提供を図っていることも注目されます。

介護保険法の施行を迎えた２０００年前後から、事業拡大により理事長が直接指示命令する体制に限界が訪れ、職員の意識やサービス内容に差が出てきました。

経営の質とサービスの質の両立を模索していた頃、交流していた米国の法人からマルコム・ボルドリッジ賞（Malcolm

Baldrige National Quality Award：顧客満足の改善や実施に優れた経営システムを有する企業に授与される賞）を紹介され、日本経営品質賞の存在を知り、経営品質向上活動を開始したそうです。

1年間の話し合いを経て法人の価値観を明文化し、2007年から価値観実現の視点で重要課題を中期目標に落とし込み、各施策の導入、全事業への展開を行ってきました。**図表1．3．20**にバランススコアカードのフレームワークによる分析例と、**図表1．3．21**に筆者が作成したKPIの一例を示します。

街中にも多くの介護サービス施設が見られるようになりましたが、介護職員の不足が深刻化していることが報道され、介護職員の人材不足という課題も抱えています。介護職員の賃金の低さ、重労働、その結果として離職率が高く、有効求人倍率は上昇傾向にあります。慢性的な人手不足にどう対応していくのかが問われています。

（7）その他の業界

以下に、その他の業界についてバランススコアカード的分析をした事例を紹介します（**図表1．3．22～図表1．3．25**）。

参考資料としてのKPI（筆者作成）

重点目標	KPI	測定・評価の方法
顧客の声への対応の向上	顧客が感じた介護職場のサービス見直しの満足度（%）	**顧客アンケート（満足と回答した顧客数）÷（回答した顧客数）×100 ☞ 数値が大きいほど良い**
事故・ヒヤリハットの発生件数低減	ゼロレベル比率の増大（%）	**（ゼロレベルの件数）÷（全レベルの件数）×100 ☞ 数値が大きいほど良い** ＊ゼロレベル（気づき）：事故を未然に防ぐ予防的行動
外部業者の支援・協力度の向上	外部業者の「こうほうえん」方針・取り組みに納得している度合（%）	**外部業者アンケート、又は日常観察評価（納得している外部業者数）÷（全外部業者数）×100 ☞ 数値が大きいほど良い**
組織能力の向上	社員の改善提案受け入れ満足度（%）	**従業員アンケート（満足と回答した従業員数）÷（回答した従業員数）×100 ☞ 数値が大きいほど良い**
個人能力の向上	1人当たりの研究発表会題数（題数）	**（研究発表会題数）÷（従業員数）×100 ☞ 数値が大きいほど良い**

図表1.3.21　KPIの一例

航空会社

財務	財務目標達成（営業利益率10%以上、自己資本比率50%以上）
顧客	顧客満足No.1の達成（再利用意向率・他者推奨意向率）
価値創造のプロセス	・JALブランド向上への取り組み強化 ・航空事故・重大インシデントともにゼロを達成 ・イレギュラー運行・お客様怪我・人的エラーによる不具合低減 ・定時到着率の向上（世界第1位目指す） ・低燃費な新機材導入と経年機材退役の着実な推進 ・機材更新への新規投資（顧客の利便性・快適さ、収益向上） ・路線ネットワーク・商品サービスの充実と顧客利便性の向上 ・コスト競争力（生産性・部門別採算性・ユニットコスト）の改善
学習成長	・人財育成、システム進化、文化醸成、安全・環境意識浸透 ・社員の労働環境の改善と整備、従業員満足度の向上 ・経営理念・方針・戦略・行動規範・マネジメントシステム

出所：同社ホームページ「JALグループ中期経営計画ローリングプラン」より筆者作成

図表1.3.22　バランススコアカードのフレームワークによる分析（航空業界）

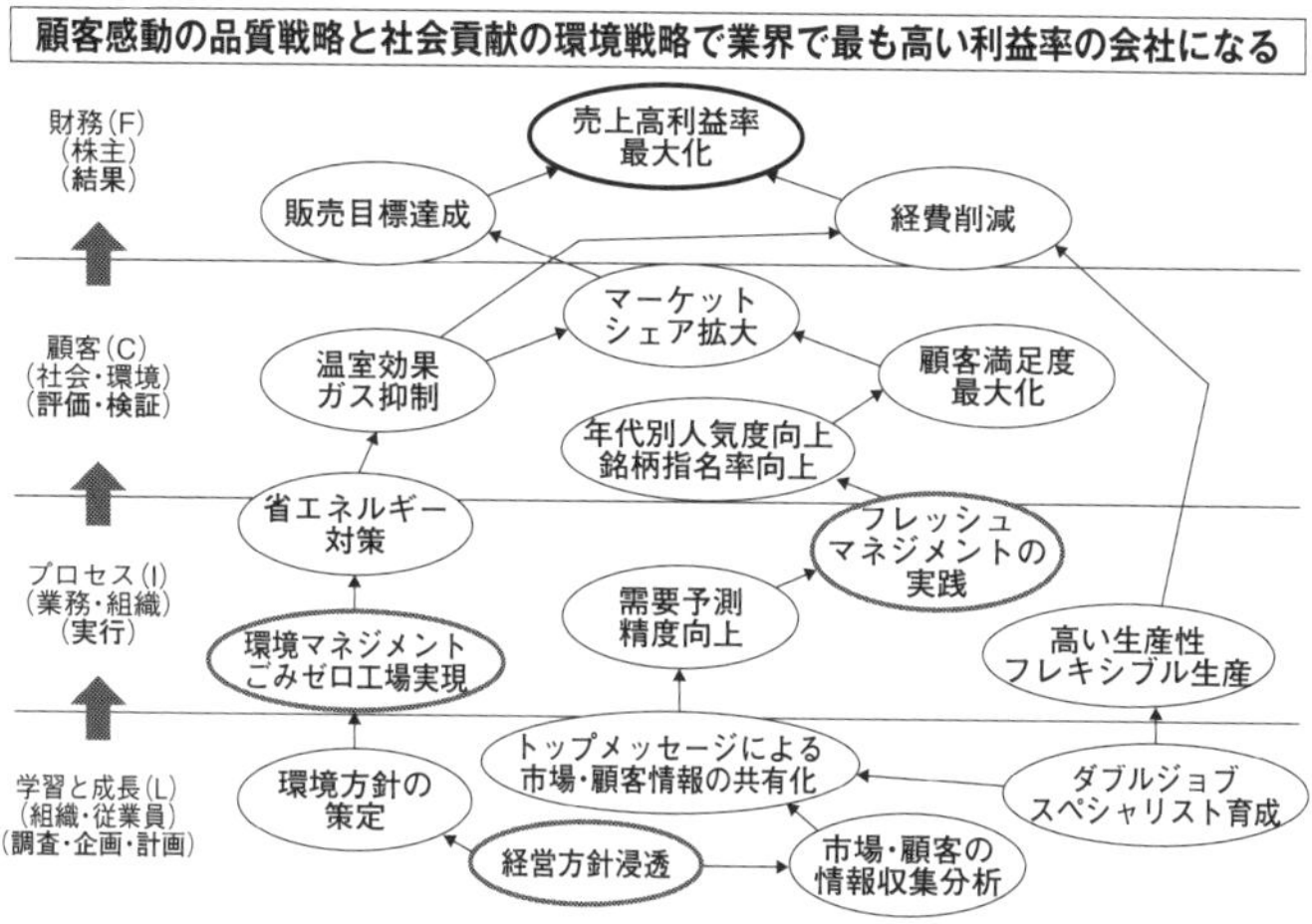

図表1.3.23　バランススコアカードの
フレームワークによる分析(ビール業界)

宅配便	
財務	財務目標達成(営業収益、営業利益など)
顧客	一番身近で、一番愛される企業の実現(顧客・地域社会)
価値創造のプロセス	・大型集約拠点のオートメーション化 ・新たなラストワンマイルネットワーク・オペレーション設計(オープン型宅配ロッカー、コンビニエンスストアへの配送、投函型サービス、営業時間外配送特化サービスなどの構築) ・宅急便総量コントロールへ基本運賃と各サービス規格の改定 ・セールスドライバーによる地域の課題解決 ・事故ゼロに向けた安全対策 ・CO_2排出量の低減(モーダルシフト、低公害車導入など)
学習成長	・社員の安全・環境意識浸透、サービス・ヒューマンスキル向上 ・社員の労働環境の改善と整備、従業員満足度の向上 ・経営理念・方針・戦略・行動規範・マネジメントシステム

出所：ヤマト運輸ホームページ「セグメント別事業概要」より筆者作成

図表1.3.24　バランススコアカードのフレームワークによる分析
(宅配便業界)

通信サービス	
財務	財務目標達成（営業収益、営業利益など）
顧客	①お客様満足と青少年の保護、投資家からの高い評価
価値創造のプロセス	②ICTによる社会・環境への貢献（社会課題解決） ③通信サービスの安定性と信頼性の確保（安定サービス提供率、重大事故発生件数、LTE人口カバー率、大ゾーン基地局県庁所在地カバー率など） ④情報セキュリティ対策（事故数、研修実施、業務委託先管理） ⑤コーポレートガバナンス強化（コンプライアンス、社外取締役） ⑥人権の多様性尊重（女性管理職比率、障がい者雇用率など） ⑦気候変動への対応と資源の有効利用（環境負荷低減）
学習成長	⑧社員の安全・健康・福祉の推進、環境意識浸透 ・サービス・ヒューマンスキル向上 ・経営理念・方針・戦略・行動規範・マネジメントシステム

図表1.3.25　バランススコアカードのフレームワークによる分析（通信サービス業界）

第4章 病院経営におけるバランススコアカードの活用

部署の最適化から病院全体の最適化へ

医療関係のバランススコアカードに関する資料を読んでいると、しきりに「全体最適」という言葉が出てきます。

たとえば、日本の医療組織の体制が変わらないことを嘆く「変わらない組織体制は病院経営の課題」というテーマの資料では、医師、看護師、医療技術者、事務員の4職能集団の階層構造が、相変わらず4職能集団それぞれに自分たちの集団の最適化に進んでしまい、医療組織が本来果たすべき業務である「患者中心」の考え方で病院全体の最適を目指すことをしていないと指摘しています。

病院組織で求められる協働は神棚に祭り上げられてしまい、叫ばれるだけで誰も振り向かずに実行されないというのが現実です。

医療バランススコアカードの研究者たちも彼らのコンファレンス（conference：協議、会議）で、これからの病院は制度に追われた帳尻合わせの経営から脱却し、科学的な根拠と検証を行いながら「全体最適」を目指す経営をしなければならない、と力説していました。各診療科や看護部、事務部などの部分最適ではなく、「病院全体の最適」を目指すべきであり、そのためにバランススコアカードは非常に有効であると話していました。

また、新潟県立病院の報告資料では、「病院が担う機能は高度に専門性が高く、患者にとって病院に対する信頼の拠り所でもあるため、不断の努力による専門性の維持・強化は不可欠」と述べられています。

ただし、単なる部分最適の寄せ集めでは全体最適には結びつきません。

「部分最適（部門・セクション）と全体最適（病院内部門間・セクション間連携、組織間連携）の両方の視点が不可欠である」（新潟県立病院報告資料）などと、全体最適に向けた専門性の強化について触れていることに注目したいところです。

10年ほど前に、病院価値を高める医療バランススコアカードとそのマネジメント手法の研究について触れたことがあります。

1992年にキャプラン（Robert S. Kaplan ロバート・S・キャプラン：ハーバード・ビジネス・スクール教授）とノートン（David P. Norton デビッド・P・ノートン：コンサルタント会社社長）の共同論文によって世に紹介されたバランススコアカード（BSC）については、すでに多くのページを割いて説明してきましたが、欧米の企業や非営利組織を中心とした導入の広まりと同時に、医療の分野もその例外ではなく、日本でも医療にテーマを置いたBSCの研究学会が活動を開始し、関連する論文や解説記事もかなりの件数にのぼると聞いています。

病院の改革を訴える書籍などにも、BSC導入の有効性を提言するものも散見されますし、筆者が講演するBSCの公開セミナーにも、医療関係の方々の参加が目立ってきているのも頷けました。

病院経営を中心とする医療関連業界では、そもそも経営や業務のマネジメントは難しいと思われているようです。難しいというよりも、むしろ今まではマネジメントをすることを重視してこなかったからなのではないかと思われます。

組織の価値や使命を掲げ、それを創造して提供していくビジョンや戦略を明らかにし、いわゆるPDCAを回す経営のマネジメントは、医療の世界でも必要なはずです。

病院は私たちにとって身近な存在です。私事で恐縮ですが、筆者が外資系企業の日本法人に勤務していたときにメディカル機器の事業部門に所属したことがあり、そのとき病院経営という世界を垣間見ました。

そこでは院長を筆頭にして、医師、看護師や医療の技術職の皆さん、そして事務に携わる人々の4つのグループ集団がそれぞれの階層を作っていると感じました。

この構造は、日本の多くの医療組織に見られる典型的なもので、看護やリハビリサービスを専らとする病院も同様のようでした。

そのような状況の中で懸念されるのは、それぞれのグループ集団が自グループ集団の価値観を優先していて、本来あるべき患者本位、患者満足を重視した運営を軸にした考え方で行動していないように見えることでした。

いわゆる、各職能グループ集団の部分最適になっていて、病院が全体最適を志向していないということです。

患者満足向上に有効なバランススコアカード

病院でバランススコアカードを導入する意味は、中期経営計画と連動した現実的で具体的な重点目標が立案できることです。とくに病院などのサービス業では、顧客（患者）の期待や要望を満たし、それを超えるような「顧客価値」を創造していく観点で、戦略や重点目標の議論と選択ができ、ブラックボックスになりがちな業務パフォーマンスを明確にして業務のプロセスの評価や成果が「見える化」できることが強みです。

また、すでに重点目標が作成されている場合でも、本当に全体目標やお客様本位の重点目標と整合しているかを、戦略マップや成果指標による見直しで検証することも可能です。

重点目標の結果と評価を毎月視覚的に把握できることは、日常の業務活動における課題や未達成の目標への対策を迅速に指示し、取り組むことができるはずです。

顧客である患者を満足させるには、そこで働く人たちの満足度が高くなければなりません。とくに医療のようなサービス業は、顧客である患者と日常的に接するだけに、そこで働く人々のヤル気、気遣い、熱意などが、直接患者に伝わっていくものでしょう。

働く人々の満足なくして顧客である患者の満足は実現できないと考えます。当然、経営者である院長は、目標の設定、組織化、動機づけや人々のコミュニケーションと働く意欲、業績の測定と評価、人材の育成などに注力して、リーダーシップを発揮していかなくてはなりません。

また、患者の満足度を向上させ、病院の評価と価値を持続的に高めるには、高い医療技術レベルの確保や、病院のマネジメントに有効なクリティカル・パス（入退院工程表）の導入などがあるでしょう。

クリティカル・パスを用いたマネジメントサイクル（計画、アクション、評価・修正、記録、レビュー）により、患者の満足、システムの評価（コスト削減）、医療スタッフの仕事の充実感、医療の標準化をし、日単位での成果（達成目標）を評価・レビューすることが重要です。病院に限りませんが、おしなべて改革というものは、内部の抵抗もあってなかなか容易ではありません。

そのため、重要なことは、なぜ今しなければならないのか、その目的は何か、そして、どのようなシナリオで進めていくのかを関係者にわかりやすく、機会があるごとに繰り返し説明することです。

そんなときBSCの戦略マップやスコアカードを用いると、ビジュアルに説明ができます。経営品質向上プログラムやBSCと関連させて、患者の要求を経営に反映させるISOマネジメント（たとえば品質マネジメントシステム：ISO9001）の考え方を併用することも有効です。

ISOマネジメントシステムの要求事項は、顧客（患者）からの要求を標準化したものと考えると、経営品質やBSCの考え方と親和性があり、整合しているので違和感はありません。

ISOとBSCの併用により、経営方針の実現や重点目標達成の活動を組織全体で維持・運営するシステムがバランスよく構築されることになります。

ISO9001での医療における品質、契約内容確認、設計管理対象、購買、顧客支給品、不適合品管理、是正、教育、統計的手法などは病院経営の現場で該当するプロセスを明確に特定することができるので、ISOマネジメントシステムが病院の経営体質を強化することは間違いないと考えられます。

「質」を追求する川越胃腸病院のケース

ところで、埼玉県に「小江戸」と呼ばれる城下町の川越があります。今なお蔵造りの街並みを多く残し、休日には観光客の流れが絶えませんが、医療法人財団献身会川越胃腸病院は、その川越市にある消化器科専門の病院です。

筆者が関係していた「経営品質アセッサーフォーラム」の２００９年2月の研究会で、同病院の方に講演をしていただいたことがありました。

「医療は究極のサービス業」という理念の下、早くからCS（Customer Satisfaction：顧客満足度）経営に取り組み、患者主体の医療サービスが高く評価されている病院の一つです。川越市を中心に半径30㎞を診療圏として地域密着型の事業活動を行ってきた胃と腸に特化した病院で、来院する患者の9割が口コミで評判の良さを聞いて来るそうです。

その評判の良さが物語るように、同病院は高い収益性を確保し、また求人についても募集しなくても来てくれるとのことでした。高い顧客（患者）満足と職員満足が生み出す成果なのでしょう。

病院の高い技術レベルを示すように、施設認定も豊富で、医師や看護師がスキルアップのために必要な資格を取得したり、維持したりできる環境が整っていました。

川越胃腸病院は規模を大きくするというよりは、患者全体の顔が見え、コミュニケーションを保つことができる病床数を変えていません。規模の拡大ではなく「質」の追求をしたいという院長の強いこだわりがあるとうかがいました。

また、平均在院日数がほぼ1週間と短いのも、内視鏡手術で入院日数が短縮されるからだといいます。検査件数も増えていましたが、それはこの病院ですぐに検査が受けられるような仕組みになっているからです。

患者にとって良い病院、良い医療とは何かという命題を模索する中で行き着いた理念が「医療は究極のサービス業」であり、それは、「患者の満足と幸せの追求」、「集う人（スタッフ）の幸せの追求」、「病院の発展性と安定性の追求」という3つの使命（ミッション）で構成されていました。

経営理念の実現に向けて、同病院は早い時期から病院改革に取り組んできたのですが、最初に手掛けたTQC（Total Quality Control：統合的品質管理、全社的品質管理活動）は非常に大きな抵抗を受けたといいます。

川越胃腸病院

価値の創造	良質な医療の提供（高水準の医療技術）	患者価値の創造（患者様からの評価）	職員価値の創造（職員からの評価）	社会価値の創造（社会からの評価）
財務の視点	施設・設備・医療機器への計画的投資	適正利益の確保（増患・増収・増益）	財務体質の強化（発展性・安定性の向上）	第三者評価の取得
患者様の視点	安心・安全・信頼の提供	患者様満足度の向上	職員ロイヤリティの向上（愛社精神と満足度）	リーディングホスピタルとしての取り組み
業務プロセスの視点	質の高いチーム医療の実践	リスクマネージメント（安全管理体制）の構築	業務効率の向上	地域社会との連携
学習と成長の視点	技術とコミュニケーション能力の向上	人間尊重の組織風土の醸成	人が自ら育つ環境づくり	地域社会に有意な人材の育成

出所：『医療は究極のサービス業』JQAAアセッサージャーナル、2009年、第15号、同病院中長期BSC戦略マップをもとに筆者作成

図表1.4.1　病院のバランススコアカードの一例

病院の職員には「品質」だとか「管理」というような考え方が馴染まなかったようで、さまざまな模索の中で出合ったのが「CS（顧客満足）」という考え方でした。これが病院には一番合うのでないかというわけで、医師は納得できる医療を、看護師は患者から喜ばれる看護をという「患者志向」「患者中心」という考え方に進化していったのでした。

そして、顧客（患者）価値の創造（CS）、職員価値の創造（ES：Employee Satisfaction）、社会価値の創造（SS：Stakeholder Satisfaction）により、「人満足のCS経営」という言葉で経営理念を説明するようになってきたということです。

そこで本題のBSCですが、同病院はBS

Cの戦略マップを用いて、戦略テーマと戦略がどのように関連づけられているかを示し、共有しています。それ自体が病院BSCの中長期戦略マップになっており、これをもとに各部門で単年度の部門BSCを展開し、実行施策に落とし込んでいます。その全体像を**図表1.4.1**にまとめてみました。

「測定できないものは、マネジメントできない」を解決する

医療はサービス業という観点で本稿の執筆を進めてきました。医療に限らずサービスは無形であり、生産と消費とが同時に行われます。

したがって、「今のサービスは間違いでしたので取り替えます」とはいかないわけで、患者は医療担当者が治療を行うと同時に、そのサービスを消費していることになります。

経営学には、「測定できないものは、マネジメントできない」という言葉があるそうです。医療サービスならではの特徴があり、指標化が難しいヒューマンサービスの視点からは指標化しにくい医療の生産性を向上させるという課題が、医療の世界では存在します。BSCは、そこに一つの解決のヒントを与えてくれるマネジメントの考え方ではないかと感じます。

ＢＳＣや経営品質、ＩＳＯやＴＱＭを導入して病院経営の価値向上を図ろうという試みに共通しているのは、短期的な利益追求というよりも、中長期的な経営の観点でしょう。

ＢＳＣは中長期的な経営の観点から指標を決めていくために役立ちます。ただし注意してほしいのは、それを決める場合には、単に戦略重点目標を眺めているだけでは適切な評価指標を決めることができないということです。

やはり、なぜその戦略目標が必要なのか、何のために設定されたのかという背景をよく理解することが大切になると思います。

そのようなときには、戦略マップを使って、重点目標設定の理由を示す因果関係を知ることが必要になってきます。

このプロセスがないと、重点目標の真の狙いが正しく理解されず、適切な評価指標を選べないという事態に陥ってしまうのではないでしょうか。

そうなると、目標や指標の選択が部分最適になってしまい、単なる目標の配分でしかなく、目標を達成する具体的で適切なものではなくなってしまいかねません。

これは、方針や目標の展開における一般的な課題ともいえましょう。

日本経営品質賞を受賞した福井県済生会病院の事例

福井県済生会病院は、2012年度に日本経営品質賞を受賞しました。「患者さんの立場で考える」ことを理念とし、CSの高い病院を目指して、済生会クオリティマネジメントシステム（SQM）を構築し、医療の質と経営のレベルアップを図ってきました。

SQMはバランススコアカード、ISO9001（品質マネジメントシステム）、ワークアウト（WO）の3つのマネージメントツールを融合させたものです。

飛行機に例えれば、バランススコアカードはコックピットに当たります。個人・部署・病院の現状ならびに目標を4つの視点（財務・患者・業務・職員）でとらえて目的を明確化し、改善の進捗を評価するものです。

戦略マップによって改善目標の意味と実行過程が見えるので、職員は納得して改革を進めることができるといいます。

エンジンに当たるISO9001は、それぞれの目標に向けてPDCAサイクルを回すことにより継続的に改善し、病院全体を管理運営し、改革は止まりません。管制塔に当たるW

Oは、問題解決を現場に権限委譲し、迅速かつ集中的に改善。チームワークを育成し、みんなの意見で病院が変わるという意識が生まれました。

2002年度に第1期3カ年ビジョンを始めて以来、この間CSは向上し、連携医のアンケートからも当院の評価が高まっていることがわかったとのことでした。

しかし、2007年の年間総括であるマネジメントレビューでは、ESが若干低下してしまい、職員が疲弊してはCSはありえないので、ES向上に注力することにしたといいます。もともとCS向上のためのSQM活動には、ES向上に役立つ取り組みがあり、日常の問題を自己分析して業務改善するサービスレポートでは、職員が自己主張することができ、ある意味ではガス抜きにもなっているようでした。

SQMインタビュー（内部監査）では、他の職場を訪問して業務改善の進捗状況を審査することで、病院全体を眺めることが可能になり、業務改善の参加意識と誇りを持つことができ、職員のモチベーションが高まっていたのです。

全員がマネジメントレビューに参加することで経営者意識を持つことができるようにもなり、それまでは会議では何も発言しない人がいましたが、WOを行うことでファシリテータが常に皆から意見を引き出し、全員の合意を得て結論を出す形に変わったのでした。

WOのメンバーになると、それまで寡黙だった人が生き生きと語り、リーダーになっていくというケースがよく見られるようになったそうです。

加えてES向上のために創設したのが、「済生会ホスピタリティ賞」です。忙しいばかりで何か足りない。足りないのは感動というわけで、感動を共有するプログラムとして、感激レポート、グッドアイデアレポート、ベストスタッフレポートを設け、病院の理念にかなった模範的な行動を取った職員や病院の改善に対するアイデアを出した職員を高く評価する仕組みでした。

「バランススコアカード」、「ISOマネジメントシステム」、「ビジネスエクセレンスモデル（経営品質）」という全体最適を実現する3つのフレームワークを見事に活用した好事例といえるでしょう。

第2部

3つのフレームワークが経営の質を変える

第1章

アメリカで提唱され欧米企業で広がったバランススコアカード

第1部でバランススコアカードにおける5つの視点の因果関係のフレームワークのイメージを理解していただきましたが、5つの視点の因果関係を持つ経営手法は他にもあります。たとえば、ISOマネジメントシステムやビジネスエクセレンスモデル（経営品質賞のフレームワーク）なども、同じようなフレームワークとして説明できます。

なお、前述したように、本書では経営の視点と組織及び個人の能力を一緒にして4つの視点で表す場合もありますので、ご承知おきください。

バランススコアカードとの出合い

筆者とバランススコアカードとの付き合いは、もう20年以上になります。当時、勤務していた企業では、オランダ本社からの方針を受けて、グローバル規模でＩＳＯマネジメントシステムやビジネスエクセレンスモデルの導入を進めていました。

日本支社もその例外ではなく、その展開の役割を筆者が担っていたのですが、ビジネスエクセレンスモデルを展開するときに、業務プロセスの改善目標やパフォーマンスをどのように設定していけば良いのか、悩んでいたところでした。

ちょうどそのようなときに、当時の社会経済生産性本部（現・日本生産性本部）で日本経営品質賞が盛り上がりを見せていましたので、そこで開催されていた入門セミナーに参加してみました。

いわゆる、フィリップス社で導入していた欧州品質賞（ＥＦＱＭ：European Foundation for Quality Management）を理解するベンチマーキングのつもりで受講したのです。

会場はほぼ満席で質問しにくい雰囲気だったのですが、講師陣に「業務プロセスの改善目標」や「パフォーマンスの設定」について疑問を投げかけてみたところ、ある講師が「それはバランススコアカードという手法が適しています。ぜひ調べてみてください」と回答してくれました。まさに、そのときが筆者とバランススコアカードの出合いといえるでしょう。

その後、同生産性本部主催のバランススコアカードのセミナーを何度か受講し、知識を吸収し、理解を深め、日本支社の目標管理に活用する方法を模索し始めていたところ、オランダ本社やアジアパシフィックリージョンでビジネスエクセレンスを統括し展開する担当部門からバランススコアカードの導入を通達してきました。

当時のフィリップス社の経営体制は、事業部制が強く機能しており、たとえば、ある事業部のＩＳＯマネジメントシステムも、目標はバランススコアカードで設定し、ＰＤＣＡを回す仕組みをＩＳＯ９０００シリーズ（当時は設計開発を除外したＩＳＯ９００２で認証取得）で構築して運用していました。

それと並行して、プロセス改善を含むパフォーマンスを欧州品質賞（ＥＦＱＭ）と呼ばれるビジネスエクセレンスモデルで評価していたところもあり、その取り組みがとても有効と思えたことから、日本支社も同様のアプローチを取って社内展開を進めていました。

おもしろいもので、アメリカで提唱されたバランススコアカードが大手企業で採用され始めると、今度はフィリップス社のような欧州企業へと波及していきました。そして、その波は日本企業へも伝播してきたのです。

自然とバランススコアカードを導入し始めた日本企業へ、フィリップスではバランススコアカードをやっているらしいという情報が流れ始め、多くの企業が話を聞きに日本支社へ来るようになりました。それらの多くの方々とは、今でも情報交換会や研究会などのネットワークで親交を結ばせていただいています。

バランススコアカードの開発者と基本的な考え方

バランススコアカードの呼び方には、いくつかあります。たとえば、英語のBalanced Scorecardに準じてバランスト・スコアカードと呼ぶ方々がいて、バランストの「ト」に本質的な意味があるのだと強調されていました。

また一方で、バランス・スコアカードというように、中黒を入れて書く方々もいますが、本稿では、「バランススコアカード」で統一します。

バランススコアカードは、ハーバード大学の教授であったロバート・S・キャプラン

(Robert S. Kaplan）と、ボストン地域出身のコンサルタントであったデビット・P・ノートン（David P. Norton）の2人によって開発されました。

1990年に開発され、1992年に発表されたという意見もあるのですが、吉川武男氏（2000）はその翻訳書の訳者序文の中で、バランススコアカードが誕生したのはいつ頃なのかわからないが、彼が最初に目にしたバランススコアカードの論文は、1992年1月／2月号の『ハーバード・ビジネス・レビュー誌』に掲載された「財務・オペレーション両面を4分野から見る新しい経営指標〈バランスド・スコアカード〉」（『DIAMONDハーバード・ビジネス』ダイヤモンド社、1992年5月号、pp. 81-90.）と述べています。

さらに吉川氏は、バランススコアカードは、

・戦略をアクションに落とし込み、成長力と競争力をつけ未来を切り開く戦略的マネジメントシステムと理解し、ビジョンと戦略を策定し、企業の将来に対する明確なシナリオを作り、これを経営トップから従業員に至るまで周知徹底させる革新的マネジメントシステムの必要性に結び付けている。

・このマネジメントシステムは、単なるコントロールシステムではなく、将来の企業価値を

創造するもので、将来のあるべき企業の姿、すなわち理想とする企業に育て上げる牽引車としての役割を持つ。

とバランススコアカードに期待していました。

また、ポール・R・ニーブン（Paul R. Niven：コンサルタント会社社長）（２００２）によれば、キャプランとノートンは、この新しい経営のツールの名称について「Balanced Scorecard」と名づけ、後に『ハーバード・ビジネス・レビュー誌』に掲載した3つの論文の最初の論文である「The Balanced Scorecard - Measures that Drive Performance」にその概念を要約しました。

ニーブンがバランススコアカードの定義を述べていますが、同書を翻訳した松原恭四郎氏（２００４）は、「バランススコアカードとは組織の戦略から導き出され慎重に選定された一連のＫＰＩ」と訳しています。そして、このツールは「マネジメントシステム」、「戦略的マネジメントシステム」、そして「コミュニケーションツール」の3つの役割を持つと紹介していました。

バランススコアカードが、いかに企業の経営者から重要視されているかを示す証左として、

「バランススコアカードの導入インパクト」（２０１４）があります。

そこで紹介されている論文は、キャプランとノートンによる「Putting the Balanced Scorecard to Work」『Harvard Business Review, September October 1993』でした。

彼らによれば、

・バランススコアカードは、あらゆる企業で一律に適用できるような定型的なものではないこと。
・市場環境や商品戦略、競争環境が異なれば、おのずとバランススコアカードも異なってくるものであること。
・それゆえ、各事業単位（ＳＢＵ）は自社の使命、戦略、技術、企業文化に合致するように調整した独自のバランススコアカードを作成する必要があること。
・そして、バランススコアカードが成功するかどうか、その成功要因は「透明性」にあることが必要不可欠であること。
・したがって、バランススコアカードで設定される20前後の評価指標によって、社内外の評価者や当事者が、その事業単位（ＳＢＵ）の競争戦略を十分に判断できるものでなければならないこと。

を強調していたのです。

筆者もバランススコアカードの実践的研究者の一人として、『使える！ バランススコアカード』（２００７）を上梓し、その研究成果をまとめる機会をいただきました。

同書では、

「バランススコアカードは、組織の戦略や事業・業務の目標を達成する現時点でのベストなシナリオ作りと目標設定のできる考え方、あるいはツールである」

と説明しました。

そして、「財務」「顧客（市場あるいは社会を含むこともある）」「変革（あるいは改善）プロセス」「（組織や個人の能力を向上させる）学習と成長及び経営の方向」の４つの視点や戦略目標における一連の因果関係による構築がバランススコアカードの命であり、単なる目標管理シートになってはならないと示唆したのです。

市場の変化に対応する経営戦略をシンプルにまとめて「見える化」するのがバランススコアカードであるという考え方でした。

ちなみに、実践経験と研究成果からバランススコアカードに関する内容をまとめてみると、以下のように整理することができるでしょう。

①バランススコアカードは、もともと業績の測定システムとして考えられたものであるが、昨今では、戦略マネジメントのシステムとして利用されるようになってきたこと。また、組織の経営理念や使命を明確に掲げ、その実現への戦略と重点目標を策定していく。そして、その経営方針に沿った重点目標（たとえば財務目標、顧客価値実現など）を達成するために、財務・顧客価値、顧客・市場、業務プロセス（変革・改善）、学習と成長（組織や個人の能力）、経営の方向（理念、ビジョン、方針、目標など）の5つの領域順に因果関係を確認しながら重要な成功要因を決める。その結果として、それぞれの具体的な目標を作成していくものであること。

②バランススコアカード導入の動機としては、達成目標の選択と集中ができていない、目標達成のためのシナリオ不在、シナリオへの合意とコミットメントが不充分、ＰＤＣＡサイクルを回す仕組みがないなど、中期経営計画、事業戦略、目標設定や管理の具体化（見える化）を目指す傾向が見られること。

③バランススコアカードを考えるとき、さらに重要なポイントは、それぞれの重要成功要因の「因果関係」を明確にして目標を設定することである。上位の重要成功要因やその戦略目標を達成するために何をすべきかを下位の重要成功要因や戦略目標に設定していく。そして、一つひとつの重要成功要因や戦略目標が、組織の目指す最終目標の実現につながるように選択され、この因果関係を明確にしていくのに「戦略マップ」が使われること。

④中期経営計画と連動した現実的で具体的な重点目標が立案できること。とくにお客様の期待や要望を満たし、超えるような「顧客価値」を創造していく観点で、戦略や重点目標の議論と選択ができることが重要。サービス業や間接業務部門（支援プロセス）では、ブラックボックスになりがちな業務パフォーマンスを明確にして業務のプロセスの評価や成果も「見える化」できることに注目。

ところで、繰り返すようですが、第1章にも書きましたように、バランススコアカードの構成における特徴として留意したいことは、「経営戦略展開の流れ」と「経営価値実現の流れ」は逆だということです。

図表2．1．1にあるように、経営戦略展開の流れとしては、経営理念・ビジョン↓経営

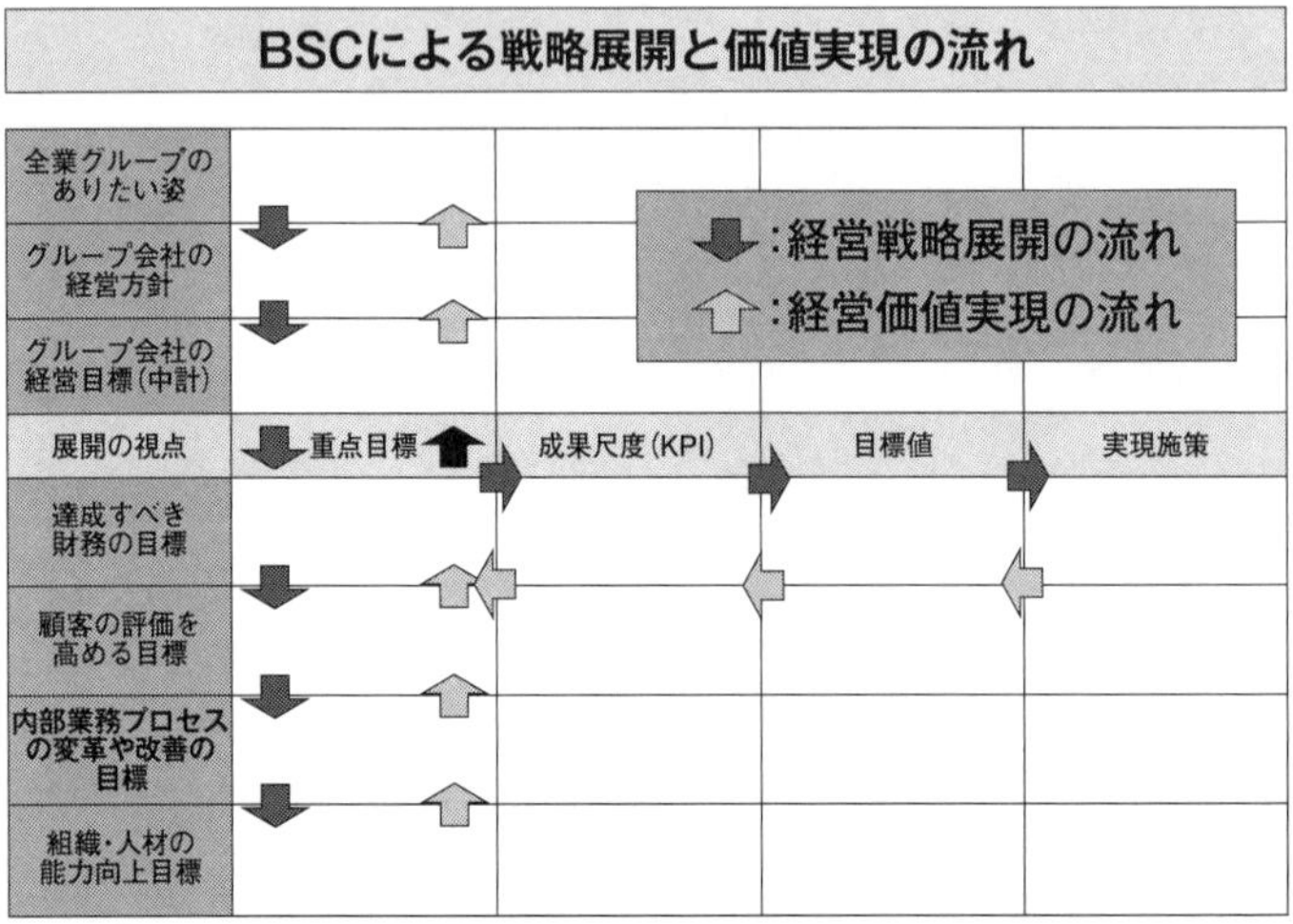

図表2.1.1　バランススコアカードによる経営戦略展開の流れと価値実現の流れ

方針↓経営目標↓4つの視点の因果関係で構成された縦の因果関係の流れと、戦略的重点目標↓成果尺度（指標）↓目標値↓目標達成の実施施策という横の因果関係の流れと考えられます。

このバランススコアカード（筆者は「経営戦略展開表」と呼んで説明することもありました）を、PDCAによるマネジメントで成果を上げていく仕組みを回していくのです。

これに対して、実際に経営の価値を実現していく流れはその逆となります。

・基盤・準備（組織・人財・インフラ・情報などの組織・人財能力や学習と成長へ

の目標・指標）↓
・ドライバー（プロセス変革・改善などの内部業務プロセスの変革や改善の目標・指標）↓
・結果（顧客・社会の評価・満足を高める目標・指標）↓
・成果（財務の目標などの事業成果の目標・指標）

という流れ（順番）で経営目標や方針を達成していくことといえます。

第2章 ISOマネジメントシステムの誕生

それは「品質保証」の取り組みから始まった

バランススコアカードを説明したところで、次に5つの視点の因果関係を持つフレームワークとして、ISOマネジメントシステムに触れます。ISOマネジメントシステムは、2015年に大幅に改訂され、共通テキストと呼ばれる構成要素（4章から10章までの章立て）は、経営の仕組みに近づいたといわれました（**図表2．2．1**）。

経営のフレームワークとして前項で紹介した5つの因果関係を持つバランススコアカード

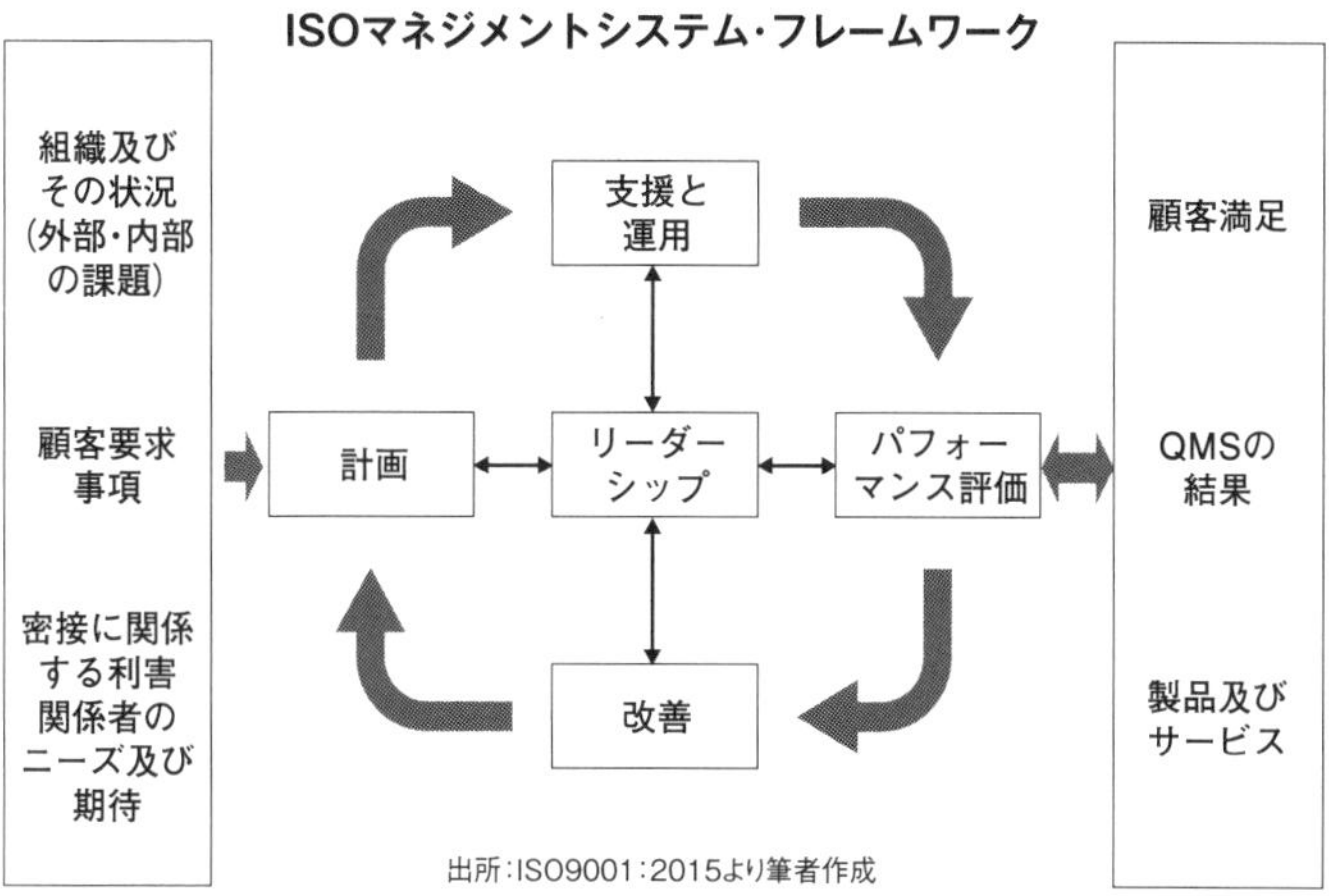

図表2.2.1　ISOマネジメントシステムのフレームワーク(ISO9001:2015)

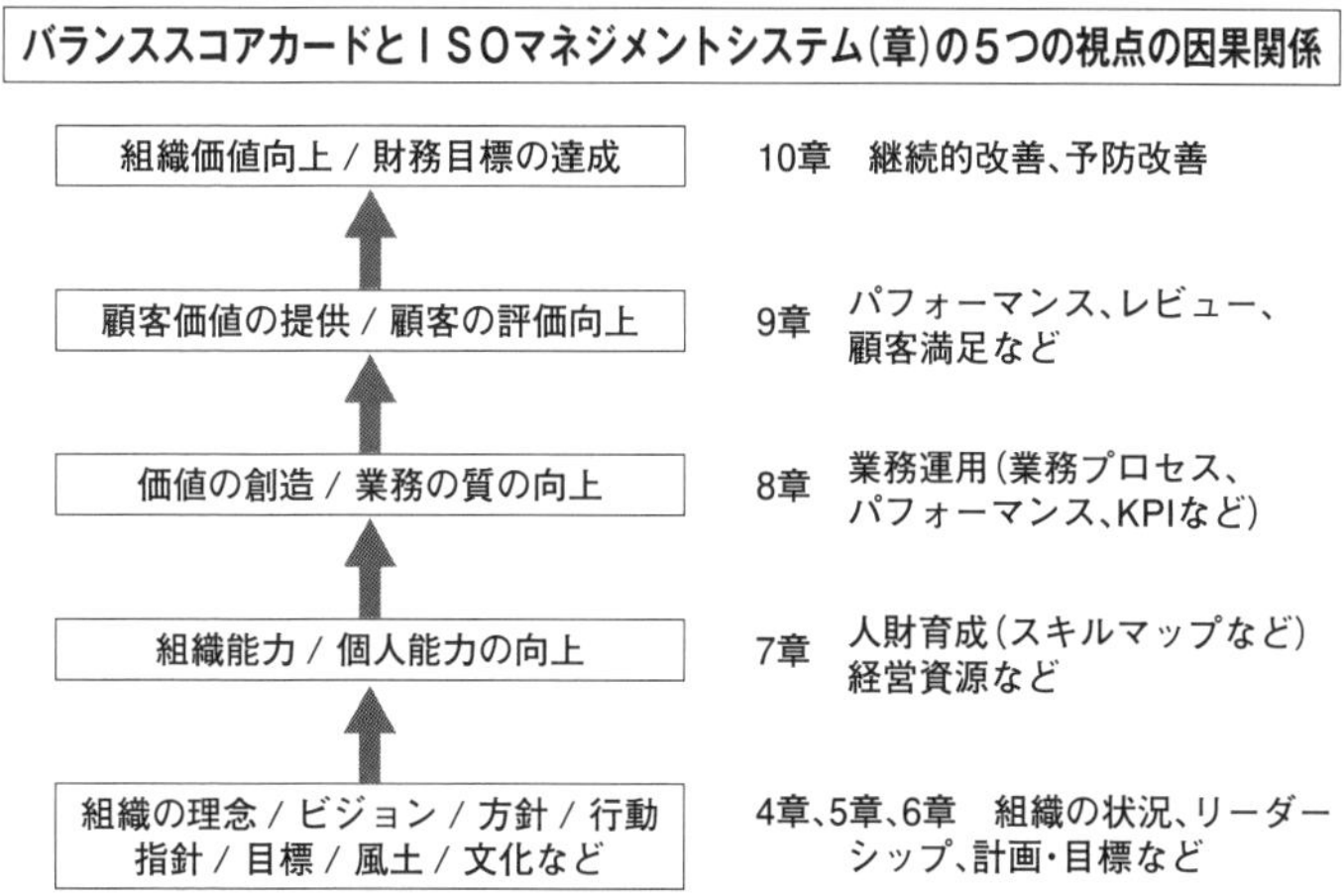

図表2.2.2　バランススコアカードとISOマネジメントシステムとの因果関係

とも自然に整合しており、**図表2．2．2**のような両者の関連からもわかるように、ISOマネジメントシステムも5つの視点の因果関係をもつフレームワークの一つとして考えられます。

日本工業標準調査会のホームページによれば、ISOマネジメントシステムの誕生は、品質保証を巡る先進諸国の取り組みから始まります。1970年代、イギリス、フランス、ドイツ、カナダ、アメリカといった先進諸国でほぼ同時に品質保証に関する規格が制定されました。

これは、日本の工業製品が高品質・低価格を武器に国際競争力を獲得し、目覚ましい経済発展を遂げているのに対し、これら先進国が停滞気味の経済状況を「品質」の観点から見直すことになったことが一因といわれています。

しかしながら、これら先進国がバラバラに同様の規格を持つことは、国際貿易上の技術的障害になるとの考えから、1979年、ISOの中に品質保証の分野の標準化を活動範囲としたTC（Technical Committee）176が設置され、品質管理及び品質保証に関する用語、品質マネジメントシステム、そして支援技術の標準化が行われるようになったのでした。

このとき、核となる品質保証及び品質管理の規格を、イギリスの国家規格であるBS5750及び米国の国家規格であるZ1-15をベースとして検討が開始され、ISOメンバー国の投票を経て1987年に開発された規格がISO9000シリーズ（品質保証システム）でした。

ISOマネジメントシステムは、品質マネジメントシステム規格であるISO9000シリーズや、環境マネジメントシステム規格であるISO14000シリーズに代表される「組織が方針及び目標を定め、その目標を達成するためのシステム」に関する規格です。

組織がマネジメントシステムを確立し、文書化し、実施し、かつ維持することにより、そのマネジメントシステムの有効性を継続的に改善するために要求される規格で、品質や環境のマネジメントシステムは、2015年に改訂されました。

品質マネジメントシステムの2015年改訂版では、他のマネジメントシステム規格との整合性を図ることを容易にするために、ISOで規定されるマネジメントシステム規格に共通的に用いられる規格の構成を採用しています。

これにより、組織が複数のマネジメントシステムを事業プロセスと一体的に運用することが容易となり、効率的かつ効果的なマネジメントシステムを構築し実施できるようになることを狙っており、その他にも、以下のような特筆すべき改訂のポイントがありました。

①組織の状況の理解及び事業プロセスとの一体化（組織の外部及び内部の課題を明確にし、顧客だけでなく利害関係者のニーズ及び期待を広く理解し、これらに基づきマネジメントシステムの適用範囲を決定）

②パフォーマンスの重視（マネジメントシステムを通じてどのような結果を達成したいのか）

③リスクに基づく考え方（製品やサービスの不具合等の組織内部に起因するリスクや、顧客ニーズの変化等の組織外部に起因するリスクなど、組織を取り巻くリスクを特定し取り組む）

④文書化要求について（どのような文書がどの程度必要かは、組織自らが置かれた状況に応じて決める）

⑤サービスへの配慮（製造業だけでなくサービス業にも適用しやすく構築）

この他、ＩＳＯマネジメントシステムには、環境マネジメントシステム、エネルギーマネジメント、医療機器品質マネジメント、食品安全マネジメント、自動車生産及び関連サービス部品組織品質マネジメント、情報セキュリティマネジメント、航空宇宙関連品質マネジメント、個人情報保護マネジメント、事業継続マネジメント、リスクマネジメントなどがあり、今後も新たなＩＳＯマネジメントシステムの提案が議論されています。

学術的研究成果からバランススコアカードとの併用へ発展

初期のバランススコアカードに関する研究は、主に管理会計の分野で学術的な研究成果が論文や書籍として多く発表されてきました。ＩＳＯマネジメントシステムとの関係については、２０００年頃から関連するテーマの情報発信が目立ち始め、その一つの領域として、ビジネスエクセレンスモデル（経営品質賞のフレームワーク）やＩＳＯマネジメントシステムと併用した経営品質向上の取り組み手法が紹介され、企業の注目を浴びるようになりました。

その事例は、日本生産性本部内にある日本経営品質賞委員会が展開する日本経営品質賞の受賞企業の報告書に詳しく公開されています。

また、ＩＳＯマネジメントシステムの普及を担う日本科学技術連盟や研修会社でも、バランススコアカードとＩＳＯマネジメントシステムとの融合や活用についての理論や事例が、論文やセミナーで多く見られるようになりました。

日本でのバランススコアカードの普及を学術的側面から支援し、研究してきた櫻井通晴氏（２００３）は、その著書の中で、「１９９０年代にはＩＳＯ９０００シリーズが、21世紀では、バランススコアカードが日本経営品質賞や方針管理と併用されながら経営のクオリティを高めるために利用されるようになってきた」ことを示唆しています。

筆者も２００１年頃からＩＳＯマネジメントシステムとバランススコアカードに関する執筆を開始し、

・経営品質向上の実現ツールとしてのバランスト・スコアカードについては『ネオ・バランスト・スコアア経営』中央経済社（２００１）pp.103-116.
・ＩＳＯ９０００ｓとＢＳＣとの関係は『バランススコアカード経営なるほどＱ＆Ａ』中央経済社（２００２）pp.199-202.
・バランスト・スコアカードとＩＳＯ９０００：２０００については『クオリティマネジメント』日本科学技術連盟（Ｍａｙ ２００２）pp.23-27.

・ISO9001におけるバランススコアカードの活用については『アイソス』システム規格社（2005．7）pp.68-711.

などを発表してきました。

第3章 ビジネスエクセレンスモデル（経営品質）との整合性

経済産業省が着目した経営品質の定義

２０１２年後半から２０１３年前半まで、ＩＳＯマネジメントシステムの業界誌に「経営品質を高める仕組みや活動に学ぶＩＳＯの役割と活用事例」という連載記事を書いたことがあります。

２回目の連載記事が掲載された直後に、経済産業省の方から連絡をいただき、連載記事の内容に興味があるので話を聞きたいとのことから、同省にうかがったことがありました。

ちょうどその頃、経済産業省では「事業競争力強化モデル事業」のプロジェクトの検討段階にあり、その検討情報として筆者の連載記事が目に留まったということでした。

それに加えて、日本国内におけるISOマネジメントシステムの普及が頭打ちになってきている現状も踏まえて、モデル的な取り組みを実施し、我が国全体の事業競争力などの強化を図ることを目的として、マネジメントシステムをどのように活用してゆくべきなのかという、あるべき姿の模索も議論されていたようでした。

その訪問で話題になったのは、株式会社システム規格社発行の月刊『アイソス』の2012年10月号と11月号に掲載された筆者の連載記事でした。

その連載記事の内容は、日本経営品質賞受賞企業におけるISOマネジメントシステムの活用レポートや、筆者が勤務していた企業での経営改革のフレームワークとして使われた欧州品質賞(ビジネスエクセレンスモデル)におけるISOマネジメントシステムの運用方法に関するものでした。

それらの記事から、ISOマネジメントシステムに言及した部分をピックアップしてみると、当時の経済産業省の方々が興味を持っていたと思われるテーマが、以下のように浮かび上がってきました。

経営品質(ビジネスエクセレンス)の一例(EFQM)

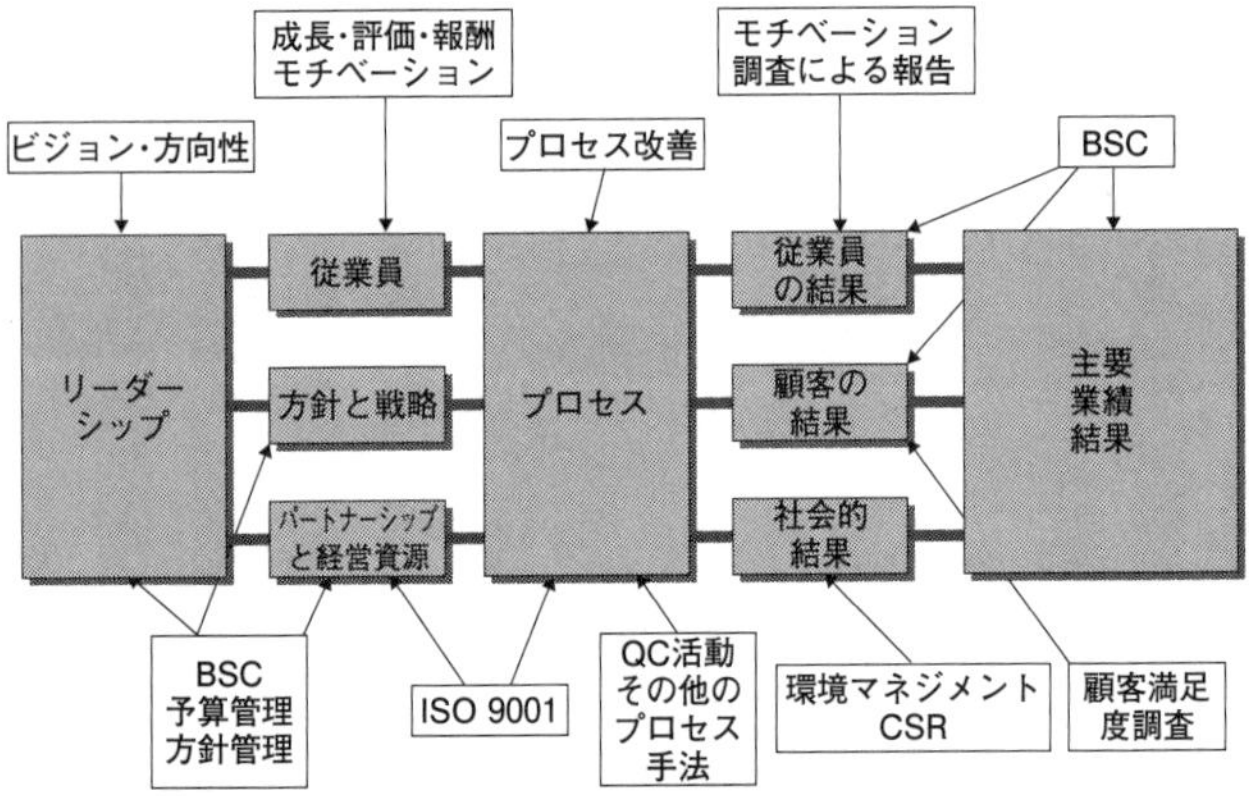

図表2.3.1　経営品質(ビジネスエクセレンス)の一例
(初期のEFQMのフレームワーク)

1つ目は、筆者が勤務していた企業が、当時の欧州品質賞（EFQM）のフレームワーク（**図表2．3．1**）やバランススコアカードを用いた経営品質向上活動を組織内に展開し、その活動の中でISO9001やISO14001の導入が含まれていたことが挙げられます。

ISOマネジメントシステムに関わる方々の中には、このフレームワークがISO9001の構成と似ている印象を持つ方々がおられるのではないかと推察されますが、やや乱暴ない方をすれば、ISOマネジメントシステム規格が経営品質賞のフレームワークや考え方に近づいているという印象がありました。

ちなみに、日本生産性本部の日本経営品質協議会の『経営品質向上プログラムアセスメントガイドブック』によれば、経営品質向上プログラムのミッションは「経営革新を目指す人と組織に対して、経営革新を確実に実現できるように支援すること」であり、経営品質向上プログラムは、こうした人と組織に「革新のための変革思考と革新プロセスという価値を提供しようとしている」とあります。

また、「クオリティ」という言葉は日本では「品質」と訳されることが多く、製品としての機能や特性を示す「もの」の質のため品質と呼ばれてきましたが、これはどちらかといえばクオリティの狭い定義と考えられ、むしろ品質は「状態」を表している言葉と考えるべきで、目的に対して適切さの度合いが「状態」であり、経営品質とは価値革新を生み出す組織の状態を高めようという考え方と定義していました。

したがって、「適切さ」とは、ある目的に対して決まるのですから、適切か不適切と簡単に判定できるものではなく、目的を実現するために行っていることと、その状態をさらに良くするために行っていることを、きちんと見ていくことが重要といえるでしょう。

マルコム・ボルドリッジ国家品質賞における位置づけ

2つ目は、ビジネスエクセレンスモデル（経営品質）の中では、ISOマネジメントシステムの位置づけが明確になっていることでした。

世界的な規模で基本的な考え方として使われているマルコム・ボルドリッジ国家品質賞や欧州品質賞（EFQM）を例に取ると、まずマルコム・ボルドリッジ国家品質賞の審査基準書の冒頭にある商務省国立規格技術研究所が紹介している「ボルドリッジ・パフォーマンスエクセレンスプログラム：なぜ今ボルドリッジが、あなたにとって重要なのか」と題する挨拶文には、「この審査基準は、ISO9000（中略）などの経営手法を決定するのに役立ちます」と、いきなりISOマネジメントシステムを登場させていました。

また、「組織プロフィール：組織の戦略的状況」を問う項目にも、「ボルドリッジのフレームワークによって提供されるシステムアプローチと両立できるパフォーマンス向上へのアプローチは、組織のニーズと関係しているはずであり、それらには（中略）ISO標準（たとえば、9000または14000）の使用、あるいは他のプロセス改善や革新ツールの採用などが含まれます」と記載されています。

そして、「戦略の立案」のクライテリアの項には、「主要な挑戦課題と優位性を扱う戦略課題には（中略）品質や環境システムのＩＳＯ認証取得（中略）などを含みます」とも書かれており、さらに、「業務プロセス」のクライテリアの項にも、「プロセスのパフォーマンスを向上させ、ムラを小さくするために（中略）ＩＳＯ品質システム標準、プラン―行動―チェック―アクトやその他のプロセス改善ツールなどの手法を取り込むことも考えられます」と活用を推奨していることがわかります。

もう一つ紹介すると、「7．1　製品とプロセスの成果：何が製品のパフォーマンスとプロセスの有効性の結果ですか」という問いの解説部分に、「ＩＳＯ９００１の審査のような第三者機関のアセスメント結果といった事業特有のものを含めることができます」といった具合に引用しているのでした。

なお、欧州品質賞（ＥＦＱＭ）のクライテリア（criteria：判定条件）では、「プロセス」の中のサブクライテリアに、「プロセスマネジメントに、ＩＳＯ９０００のような品質システム、環境システム、職場の健康・安全システムのような標準化システムが適用されている」という記述が見られました。

このように、ビジネスエクセレンスモデル（経営品質賞）の中で、ＩＳＯマネジメントシステムは戦略やプロセスに関連する領域で、そのマネジメントシステムとしての役割と活用が望まれていることが明らかなのです。

３つ目は、経営品質の向上を目指してきた日本の企業では、実際にＩＳＯマネジメントシステムを取り込み、活用してきたという事実でした。その手掛かりとして、日本経営品質賞委員会が発行している日本経営品質賞受賞組織の「経営品質報告書（要約版）」に書かれている情報を筆者がまとめてみたことがありました。

ちなみに、環境マネジメントシステムのＩＳＯ１４００１は、当然ながら「経営における社会的責任：社会要請への対応」に該当する記述に多く見られ、一方、品質マネジメントシステムのＩＳＯ９００１は、そのフレームワークの性格上、方針展開や業務の標準化での活用が目立つようでした。

フィリップス社のＢＥＳＴプログラムによる経営改革

そして４つ目は、筆者が勤務していた企業で実際に担当した、経営品質（ビジネスエクセレンス）を高める取り組みとしてグローバル展開された「ＢＥＳＴ」（Business Excellence through Speed and Teamwork：スピードとチームワークによるビジネスの卓越性）と命名されたクオリティ向上のプログラムの紹介でした。

ＢＥＳＴプログラムは、欧州品質賞であるＥＦＱＭというＴＱＭ（総合的品質管理）モデルをベースにし、経営や業務のスピードとチームワークを通じて卓越した競争力を実現していくことを目的としていました。

その会社は、オランダに本社を置く電機機器メーカーで、創立１００周年を迎えた頃には深刻な経営危機に陥っていました。そこで当時の経営陣は「センチュリオン」と呼ばれる経営改革に着手し、現在でいうところの「卓越した競争力と顧客満足重視を目指すビジネスエクセレンス」の実現に向けての意識改革と、事業の再編成を視野に入れた事業改革をスタートさせたのでした。

経営改革の柱は、クオリティの向上と事業の見直しの２つ。クオリティといっても単なる製品やサービスの品質の向上といった領域に留まらず、むしろ経営全般や業務の質（卓越性）を高めていくことが狙いで、ここに経営品質賞（ビジネスエクセレンスモデル）を軸にした活動が展開されました。

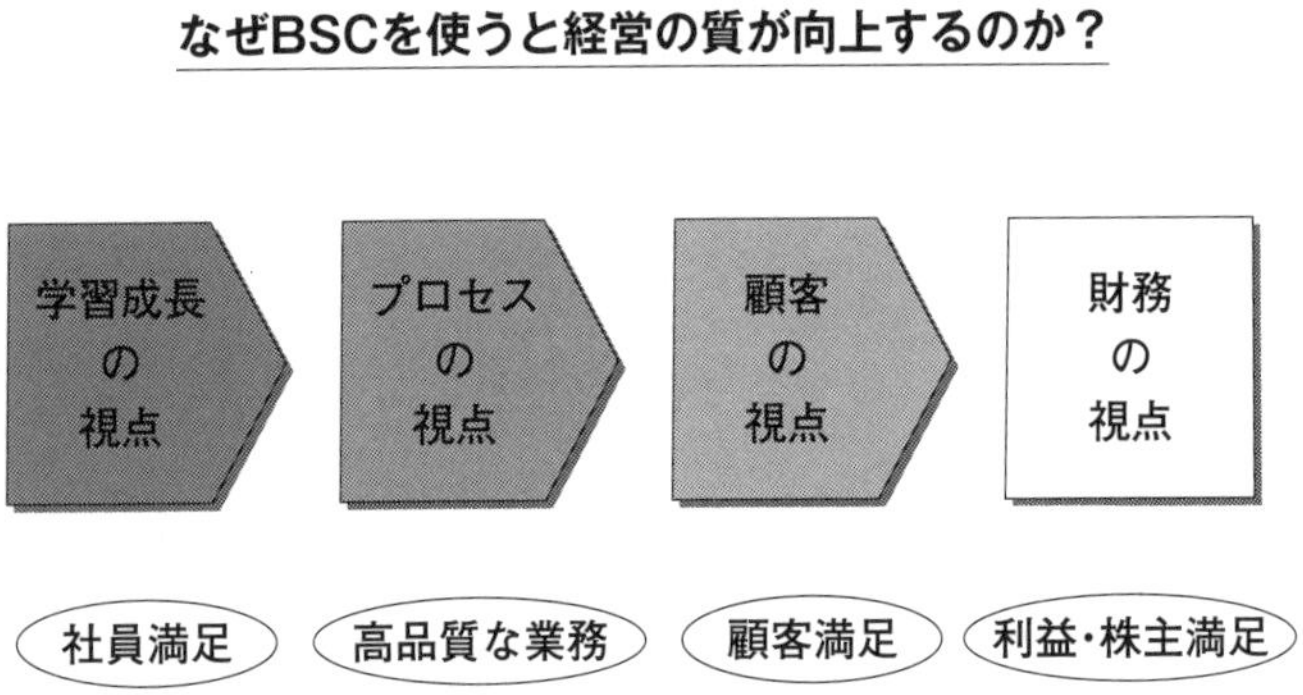

図表2.3.2　バランススコアカードとビジネスエクセレンスモデルとの関係

一方、事業の見直しは峻烈を極め、当時20以上あった事業部門は選択と集中の路線に則って現在では限られた事業に絞られています。ちなみに、BESTプログラムのS（スピード）は、財務のキャッシュフロー、在庫管理、日常業務も含めて市場に対するリアクションの速さを示し、T（チームワーク）は情報の共有化、つまりナレッジマネジメントを通じて新しいビジネスの価値創造や問題解決に役立てていくことを目指していました。

また、当時のBESTプログラムでは、経営品質向上活動として2つのことを行い、一つは欧州品質賞のクライテリアを用いてセルフアセスメントしながら経営の質を高めていくこと（その仕組みや活動の中にはISO9001が含まれていた）、もう一つはバランスコアカードを使って、事業目標や経営品質改善目標の設定と達成につなげ、下位レベルへの展開、つまり一種の方針展開のツールとしていたのです。

言い換えると、欧州品質賞でのセルフアセスメントを基本とし、ISO9001やバランススコアカードを用いてPDCAサイクルを回すことで、事業目標とビジネスエクセレンス向上の実現を目指すものでした（図表2．3．2）。

プロセスサーベイツールが起こす新たな改善効果

ここで注目したい取り組みは、ISO9001の仕組み構築と運用を併用しながらプロセス改善を促進する中で、いくつかの事業部では、内部監査をBESTプログラムで準備された「各業務機能別プロセスサーベイツール」を用いて行っていたことです（図表2．3．3）。

プロセスサーベイツールを使って内部監査を行うと、欧州品質賞のクライテリアと連動したレビューになり、ISO9001の運用がドライバーとなる経営品質向上の取り組みが促進される仕組みになっていました。

プロセスサーベイツール(PST)の一例

〈「ブレークスルーマネジメント」におけるレベル評価の質問例〉

【成熟度評価レベル】	【レベルの状況】
0	組織内のどこにも見られない。
1	事業方針、事業戦略、年次計画に記載された組織内に伝達されているだけ。
2	組織のトップや上級マネージャーが実行計画を作成し、展開を徐々に開始。
3	上級マネージャーが組織横断型の展開や成功事例の共有も開始。
4	ブレークスルー目標が上位目標から責任者によって組織的に展開開始。
5	教育訓練は効果的に行われ、ブレークスルーのエキスパート育成が開始。
6	ブレークスルー成果がインセンティブや報酬につながる経営に反映開始。
7	成功事例が多くなり、改善や対策に着手する組織風土が見られる。
8	ブレークスルーのエキスパートが経営陣とともに成果をもたらす活動に。
9	一般社員もブレークスルー活動を理解し、実行する状況を実現。
10	自組織のブレークスルーマネジメントを他組織がベンチマーキングの好事例として認識し、学習する組織のモデルとして誇れる状況を実現している。

図表2.3.3　EFQMのPSTをもとに筆者作成

そして、ISO9001の手順に従って、経営会議などのマネジメントレビューで進捗や成果を報告し、経営者の指示事項として次の手を打っていくのです。

あくまで筆者の個人的な経験からの意見ですが、内部監査のチェックリストに欧州品質賞のクライテリアやプロセスサーベイツールのレベルチェック表を使うと、いくつかのメリットがあったのだな、と今になって思うことがあります。

その理由の一つは、単なる適合性監査に陥るリスクが減ることでした。ISOマネジメントシステムの内部監査では、多くの組織が品質や環境のマニュアル、規定書、手順書で決められているルールどおりに行っているかどうかを見ていく、いわゆる適合性監査が多いと聞いていますが、そのことが内部監査のマンネリ化を引き起こす原因になっていると指摘する識者も少なくありません。

たとえば、**図表2．3．3**のようなプロセスサーベイツールを使って被監査部門の成熟度のレベルを聞くような質問をすると、なぜ私たちの部門はこのレベルなのか、どうしたら1つ上のレベルに上がることができるのか、といったような新たな「気づき」と改善施策を被監査部門に考えさせることになり、内部監査員との意見交換が自然発生的に起こってくるからです。

マニュアルや規定書、あるいは手順書に書かれているルールを単に疑問文にしたようなチェックリストを用いた内部監査では、「はい、やっています」とか「記録は作成していきます」といったような回答に留まりがちで、それでは欧州品質賞のクライテリアやプロセスサーベイツールの質問に対する回答としては成り立ちません。

なぜなら、自分たちの決めたルールに合っているのかどうかではなく、成果が上がるような取り組みやプロセスを創り出し、実行しているかどうかが問われているからです。

もう一つの理由は、欧州品質賞もプロセスサーベイツールも、普遍性の高いグローバルなビジネスエクセレンスモデルに準拠しているため、日本の組織のみならず、他の国々の組織やグローバルな事業地域単位（リージョナル別事業経営）ごとに使っても、結果を相互比較できる利点もありました。

第4章 3つのフレームワークの仕組みとその相互関係

最後に、これまでに述べてきた「ビジネスエクセレンスモデル（経営品質）」、「ISOマネジメントシステム」、「バランススコアカード」の3つのフレームワークの仕組みを俯瞰しながら、相互に関連すると思われる位置づけを**図表2．4．1**にまとめてみました。

日本における経営品質の展開については、日本経営品質賞委員会のホームページをご覧いただければと思います。日本経営品質賞は、わが国の企業が国際的に競争力のある経営構造への質的転換を図るため、顧客視点から経営全体を運営し、自己革新を通じて新しい価値を創出し続けることのできる「卓越した経営の仕組み」を有する企業の表彰を目的としていま

ビジネスエクセレンスモデル（経営品質）のカテゴリー	ISOマネジメントシステムの共通テキスト（章だて）	バランススコアカードの視点
1. リーダーシップ	4.　組織の状況（内外） 5.　リーダーシップ	・ビジョン、ミッション ・経営目標、財務、他
2. 方針と戦略	4.　組織の状況（戦略） 6.　計画・目標	・経営戦略 ・戦略マップ
3. 人財	7.　支援（人的力量）	・学習と成長（人的能力）
4. 経営資源とパートナー	7.　支援（サポート）	・業務プロセス ・学習と成長（組織能力）
5. プロセス	8.　運用（変革・改善） 10. 改善	・業務プロセス
6. 顧客関連結果	9.　パフォーマンス評価	・顧客（社会）
7. 人財関連結果	7.　支援（人的力量） 9.　パフォーマンス評価	・学習と成長（人的能力）
8. 社会関連結果	7.　支援（CSR・CSV） 9.　パフォーマンス評価	・顧客（社会）
9. 事業関連成果	9.　パフォーマンス評価 10. 改善（経営PDCA）	・財務、他 ・経営目標

図表2.4.1　3つのフレームワークの相互関係

す。

（公財）日本生産性本部（旧・社会経済生産性本部）が１９９５年12月に創設した表彰制度で、１９８０年代の米国経済の復活に寄与したとされるビジネスエクセレンスモデルの米国国家品質賞「マルコム・ボルドリッジ国家品質賞（ＭＢ賞）」を範としています。ＭＢ賞では有識者によって作成された具体的な審査基準を公開し、その基準やＭＢ賞の審査プロセスをもとに自組織の経営を自己評価すること＝セルフアセスメントを奨励しています。

多くの企業はこのセルフアセスメントを行って経営革新を推し進めることで、ＭＢ賞の受賞へと至り、このＭＢ賞の考え方は、世界80以上の国や地域で展開されているといわれています。わが国でも「経営品質向上プログラム」という形で体系化され、多くの企業や自治体で取り組まれているとともに、各地域において地域企業の競争力強化を目的として、地域経営品質賞も創設されています。

第3部

全体最適経営に導く
フレームワークとその融合

第1章 全体最適経営と部分(部署)最適を考える

部分最適は大企業病や規律違反を引き起こす

仕事柄、取材や審査で訪問した企業の経営者のお話をうかがったりする機会が多くあります。最近の傾向として、「全体最適」や「部分最適」などという用語が頻繁に見聞されることが増えました。

多くの場合、その背景には経営者が目指している「ありたい姿」や「経営の方向」に対して、スタッフや現場の社員が経営者の想いやビジョンを十分に理解していないために、両者の行動や目標に乖離《かいり》が生じるという問題が起きているようです。

たとえば、しばしば抱く疑問として、「その仕事や管理業務は、本当に経営の目的や目標の達成につながっていくのだろうか？」などと思うことが多く見られることでもわかります。

従業員一人ひとりが一生懸命やっている仕事や業務の結果や成果が、その企業が目指す経営の目的や目標の達成に役立っているのかどうかわからないのではないか、という問題です。

考えてみれば、企業で働く多くの人々は、それぞれの部署や階層で個々の目標を持ち、少なくとも自分たちの目標が達成されれば、企業は成長し良くなっていくはずだと思っているに違いありません。

しかしながら、それを具体的に理解し説明できる人々は、そう多くないのが現状なのではないでしょうか。

それは、一体なぜなのでしょうか。言い換えると、経営方針や目標の展開が全体最適になっておらず、反対に部分最適の問題が発生しているということでしょう。

その傾向は、昨今の経営の現場では頻繁に見られるようになり、その問題解決のために、経営者は日夜、社内を説いて回るという忙しさに追われることになってしまいます。

私事になりますが、全体最適と部分最適を考えるようになったのは、勤務していた会社で

ISOマネジメントシステムやビジネスエクセレンスモデルのグループ内展開、それにグループ会社の審査をするようになってからのことでした。

グループ会社の対応担当者や現場管理者から仕事や作業の説明を聞いた後で、なぜこの仕事や作業をしているのか、あるいは、なぜそのデータ取りをしているのかと聞くと、会社の目的や目標の達成につながっていくようには思えないことが多かったからです。

新聞などのメディアでも、全体最適や部分最適に関する記事が散見されます。たとえば、カジュアル衣料品店「ユニクロ」を展開するファーストリテイリングの柳井正会長兼社長は、部署（部分）最適による戦略の失敗を嘆いていました。

同社の純利益が落ち込んだ理由の一つとして、「部署（部分）最適」による社内の停滞感を挙げていたのです。

柳井氏は事業拡大とともに大企業病に陥っていることへの危機感を嘆き、社員が自分の部署のことだけを見て「部署（部分）最適」を求めてしまい、経営者感覚を持てずに大きな変化についていけなかった、というのでした。

なぜ、全体最適の実現が難しくて、部分最適に陥りやすいのか。また、全体最適化経営に導く経営のフレームワークとはどのようなものなのか。筆者はこの数年間、このテーマについて考えてきました。

全体最適化経営といえば、筆者の研究領域として長年にわたり関わってきたビジネスエクセレンスモデル（経営品質賞のフレームワーク）やバランススコアカードなどは、経営の全体最適化を実現し、導く一つの経営手法であるとの考え方もあります。

また、2015年に大幅に改定されたISOマネジメントシステムも、ビジネスエクセレンスモデルのフレームワークに近づいてきたため、経営を全体最適へ導くフレームワークになったとの報告も見聞されるようになってきました。

筆者としては、これらのフレームワークを使って、実際に企業の全体最適化経営分析を行えるのではないかと考えるようになってきたのです。

一つの体験事例として、大阪にある某食品製造販売会社のT社からマネージャー研修の依頼を受けたのは、そのような時期のことでした。

会社の再建活動の一環として、生産管理の知識と意識・手法を徹底的にキーマネージャーに叩き込んでしまおうというのが、その狙いでした。

そこで筆者は、ちょうど全体最適化経営の研究テーマに取り組んでいたことから、全体最適化経営に導くマネジメントシステムのフレームワークを利活用して、生産管理のみならず、経営のマネジメントシステムを再構築する支援をしたいとの思いにかられ、その依頼を引き受けることにしたのです。

T社は伝統ある老舗企業ですが、紆余曲折の末に大手製菓会社のグループ企業となったのは２００４年のことでした。

当時は経営陣も混乱していて、従業員も落ち着いて仕事ができる環境ではなかったろうと思われます。

筆者がT社に関わったのはそのような状況のときでした。前経営者が退陣し、大手製菓グループから新たに会長と社長が任命された矢先、同社の会長からマネージャー研修の依頼を受けたことはすでに述べました。

ときあたかも、ＩＳＯマネジメントシステムの２０１５年版が発行された年でもあったのです。そのフレームワークを使って同社の経営のマネジメントシステムを再構築し、全体最適化経営に関する分析をしてみたいと考えたのでした。

話は変わりますが、近年、企業の不祥事や戦略不全の原因の一つに、部分（部署）最適があると報じられています。

実際、某大手総合電機メーカーが部署最適により重大な規律違反を起こし、経営者が辞任した事例も散見されました。

部分最適は、制約理論でのボトルネックや個別最適価値観の蔓延に見られるように、組織の生産性や効率の向上、ひいては組織価値向上や働き方改革への取り組みにおいても悪影響を及ぼす要因であると認識できるでしょう。

筆者は、かねてより経営の全体最適化と部分最適に関する研究を進めており、全体最適経営へ導く手法の一例として、ビジネスエクセレンス（経営品質）モデル、バランススコアカード、ＩＳＯマネジメントシステム、そしてリスクマネジメントシステムなどのフレームワークを提唱してきました。

それらの経営手法は、デジュール（de jure standard：公的機関での話し合いの結果、標準として合議されたもの）やデファクト（de facto standard：市場で多くの人に受け入れられることで事後的に標準となったもの）の国際標準としてもグローバルで認知されているフレームワークであり、本稿では、これまでに筆者が収集してきた事例を前述のフレームワークに基づいて分析してみました。

全体最適と部分最適を分けるキーワードは「因果関係」

それでは、全体最適とはどのような意味でしょうか。そう思って辞書や専門用語辞典で全体最適の意味を調べてみると、意外と載っている辞書類は少ないようです。

その中で、「経営用語で、システムや組織（とくに企業）の全体が最適化された状態であることを意味する語。一部のみが最適化されていることを指す『部分最適』と対比される語であり、システムや組織の理想像として挙げられることが多い」という解説が、『ｗｅｂｌｉｏ辞書、実用日本語表現辞典』に紹介されていました。

また、「全体最適化」を英語ではtotal optimizationとする科学関連の英和辞典『科学技術35万語大辞典和英編』（藤岡啓介企画・編纂株式会社アイビーシー刊）もありました。

全体最適という言葉は、日常生活の中の一般的な会話にはあまり登場しないようですが、会社や仕事の中ではしばしば使われる用語です。

全体最適が与える印象はポジティブで、仕事も社会も全体最適を目指すべきとの意見が多く聞かれます。

とくに経営では、適切な全体最適が好ましい結果を生むことは明らかで、そのため、著名な企業でも全体最適の経営を推し進めている事例を多く見ることができます。

前述したように、従業員一人ひとりが取り組んでいる仕事の成果が、経営者の目指す会社全体の最終目標達成につながっていないとすれば、経営者はもちろんのこと、従業員にとってもまことに不幸なこととといわざるを得ません。

毎日のように声を張り上げて、会社のビジョンや最終目標を従業員に語りかける経営者の気持ちになってみれば、それを受け止める従業員の意識や理解・共有の程度が低いということに、何らかの手を打たねばと思うことは当然であると思います。

経営者の目指す方向と目標に対して、従業員の意識や理解が十分ではないとすれば、それは全体最適の欠如といわざるを得ませんし、従業員のほうも、自分たちの仕事さえうまくやっていれば良いとしか考えていないとすれば、それはまさに部分最適に陥っているのです。

ある識者は、「全体最適はトップの仕事」といっています。なぜならば、全体最適化を推進していけば、そこには必ずといって良いほど不利益を被る人たちが現れてくるからで、そのような意味で、全体最適はトップだけができる仕事なのだというのです。

しかしながら、日本のトップは権限移譲と称して、仕事を中間管理職や現場の人たちに任せる傾向が強く、どうしても部分最適に陥りやすいといわれているのも、また事実でしょう。たとえば、小売業界を代表し、コンビニエンスストアのセブン-イレブンを展開するセブン&アイ・ホールディングスでは、全体最適経営を標榜していますし、キヤノンや多くの製造会社でも、生産工程の全体最適を目指す事例が報告されていることに、注目したいところです。

全体最適は、トヨタ生産方式からも出ているといわれています。

大量生産の世界では、時間当たりで1ライン当たりの生産数量を重視する考えが主流ですが、そのような生産方式では個別の工程の生産能力に差異があれば、生産ラインの生産性は生産能力の低い工程に合わせなければならなくなり、せっかく生産能力が高い工程があっても、その生産ラインの生産性は高まらず、いわゆる全体最適な工程設計になっていないことになってしまいます。

結果として、生産ライン内外で時間の無駄を生じさせるか、仕掛在庫を増やすことになり、各工程は個別では最適であっても全体の結果は良くならないわけです。

ここに個別最適が実現できても、全体最適は実現できないという事態が発生します。

生産ラインの工程を例に取ってみましたが、全体最適を実現するには、仕事の流れをスムーズにすることが大切なのです。

そう考えますと、全体最適と部分最適を分けるキーワードは「因果関係」にありそうです。たとえば全体最適では、経営のビジョンや目標と従業員の目標や成果が因果関係でつながっていることが必要ですが、部分最適の場合は、その因果関係がスパッと切り離されている状況と考えられます。

Cという一本の理念を貫く

問題解決を進めていく際に、個人や部門によって目指すところが違うと、期待に反する結果になってしまいます。

たとえば、ある工程が改善をして作業速度を速めることができても、次工程での処理能力が一致しないと、それらの間に仕掛在庫が溜まってしまい、前工程だけ速くしてもライン全体では変わらないことになります。こういうのを部分最適といい、まずい改善の代表例といえます。

このような部分最適は間接部門でも起こり得るもので、設計業務の担当者が自部門とは関係ないからといって、他の関連部門となんの打ち合わせもせずに資料や業務の管理方法を変えてしまうと、全体の仕事の流れや管理の進め方に問題が発生することになります。

これは間接業務に関わる効率化やスリム化といった、複数の部門に関わる改善のときによく見られる間違いでもあります。

問題の本質に触れずに、単なるたらい回しで他部門との関係を悪化させ、逆に全体のロスが大きくなってしまいます。問題解決は、全体最適とならなければ意味がないということなのです。

ところが、実際には他部門との関係や会社全体のことまで目を配って改善活動を進めるというのはなかなか容易なことではありません。

したがって、改善活動を進める場合には、部門も個人も同じ目標、同じベクトルになるように、会社としての指針を明確に示していくことが必要になるでしょう。

部分最適な行き当たりばったりの取り組みを回避しなければ、やがて従業員のモチベーションは低下してくるはずです。

全体最適な経営を行うにはどうすれば良いのでしょうか。その一つのヒントが、経営理念や創業社是などが会社の目指す理想であり、各部門や各個人が共有している理想の姿といえます。

創業者や社長が従業員に伝える会社繁栄の奥義ともいえる行動指針に該当するのがＣＩ（corporation-identity：企業の主体性）です。

ＣＩを客観的に見ると、それはその会社が社会において果たすべき責任を示しているのです。それをＣＳＲ（corporate social responsibility：企業の社会的責任）といっても良いかも知れません。

これこそが、問題解決の最終目的です。ＣＩをベースに方針を展開する仕組みを整備し、解決すべき問題と、その優先順位を明確にした計画を立てて問題解決を進めれば、ＣＩという一本の理念に貫かれた活動になり、常に全体最適を志向することになり、経営理念↓（社是）↓経営方針・戦略↓（経営機能）↓部門方針↓改善実施計画↓改善実施↓改善結果評価、といった取り組みが可能となります。

経営理念や社是が、ほこりにまみれて神棚に放っておかれていないか、もう一度見直してみたいところです。

組織を滅ぼす部分（部署）最適とは

一方、「部分最適」は、全体最適に対する用語として使われ、部分最適の定義や説明も多く発表されています。

簡単にいってしまえば、全体で達成したい目的や目標が、全体を構成する部分のみの利益や事情を優先してしまうために、全体の目指す目的や目標の達成が阻害される現象といえます。

企業についていえば、自部門や自分が属している事業部のことだけを考えて、会社全体でどうなのかという視点で考えないこと、といった定義も見られます。

企業経営において、親会社、それぞれの部署、協力会社などが自分たちの利益やメリットばかりを優先して考え、行動すれば、それは部分最適に陥っていることであり、経営に有益な情報や経営資源は偏在し、会社全体から見れば非効率な経営資源の配分となってしまいます。

その結果として、経営のスピードは遅くなり、結局、競争力が低下してしまうのです。

部分最適は、英語ではsub-optimization、あるいはlocal optimizationなどと呼ばれています。「局所最適」または「個別最適」などともいわれることがありますが、「部分最適」は、たとえば会社の仕組みや活動の中で、それぞれの部門や活動の最適化を目指すことを指しています。

会社の一部門が、全社の方針や戦略を置き去りにして自部門の利益を最優先に考えて仕事を進めていけば、部分最適となってしまうことはすでに述べました。

また、バリューチェーンのように営業、開発、生産計画、調達、製造、検査、出荷といった一連の仕事の流れにおいて、それぞれのプロセスが自分たちの都合を最優先して勝手に業務をバラバラに行ってしまえば、部分最適化という弊害を起こしてしまいます。

ここはやはり、全体最適の観点で仕事の流れや組織全体の最適化を図ることが必要で、全体最適化を図れば、会社全体が同じ目的や方向に向かってベクトルを合わせて仕事を進めていくことができますし、業務の流れが会社の組織全体で管理運用できるため、経営や業務のリスクを低減することも可能となるからです。

ちなみに、企業のリスクには、戦略的リスクと業務的リスクがあり、これに危機管理リスクを加えることもあります。

全体最適と部分最適、どちらが大切かと考えない

すでにいくつかの事例で触れてきたように、全体最適と部分最適の関連については、部分最適よりは全体最適のほうが良いという印象を持たれた読者が多いと思いますが、果たしてそうでしょうか。

一般的な話として、組織では組織を構成する部署がある限り、全体最適と部分最適が発生してしまうことは避けられないことです。

また、組織全体の最適化と部分最適のどちらを優先的に考えて選択していくのかも、経営の難しいかじ取りの一つでしょう。

国という組織でいえば、国を発展させていく全体最適を優先するのか、はたまた私たちのような住民一人ひとりの満足度を高めていく部分最適を優先して取り組んでいくのか、政治家はその両立を目指す役割を担っています。

会社でも同じことがいえるわけで、経営者は会社全体の成長を目指して利益を上げる経営活動の中では、従業員の満足度を高める取り組みも忘れてはならない重要な命題です。

全体最適と部分最適のバランスを取ることは、国の政策も企業の経営も同じなのです。単純に全体最適と部分最適と分けて考えることはできないのではないか、という意見も聞かれます。

社員の満足度が高くなければ質の良い製品やサービスを生み出す仕事ができず、その結果として、提供された製品やサービスに対する顧客の評価と満足度は低く、売上も伸びないことになります。

よって、経営の財務目標が達成できないという因果関係を考えた場合、全体最適と部分最適は相互に対立するべきものではなく、部分最適が実現できるからこそ全体最適が実現できるという、「相互因果の関係」と解釈すべきという意見もあります。

むろん、会社の持続的発展という全体最適の経営ができずに倒産してしまえば、従業員の満足度という部分最適はありえないという意見を否定するものではありませんが、全体最適と局所（部分）最適のどちらが大切かといったような、単純な議論の問題ではないように思えます。

「失敗学」に学ぶ全体を理解することの大切さ

以上、全体最適と部分最適について述べてきましたが、いずれにしても、部分最適の有効性を反映させながら全体の最適化を図るプロセスは大切です。全体最適化を図るには、まず全体を考え把握することから始まります。

失敗学で著名な畑村洋太郎氏は著書『失敗学のすすめ』で全体を理解することの大切さを書いています。

その部分を要約すると、

・まずはとりあえず創造のスタートはまず行動することで、さらにいえば行動の際には小さいものでいいから、できればすべて自分で最初から最後までやってみること。
・機械の設計なら、自分で作って自分で動かしてみること。
・イベントを企画するなら地域のお祭りの予算から人の配置まで自分ですべて企画する。
・医者や看護婦なら、それこそ自分が患者になってみること。

などという示唆から始めています。

まずは自分の関わる仕事の全体を知り、俯瞰して見ると、どんな仕組みや流れで物事や仕事が動いているのかがわかるはずです。

そうなれば、何をすれば良いのか、どんな能力やスキル、それに知識が必要なのか、どこに問題があるのか、そしてどうすれば解決できるのかが自然にわかってくるというのです。

さらに畑村さんは、物事の全体を知ることで思考が前に進むという重要性を、身のまわりの多くの場面で見ることができると述べています。

たとえば、メーカーの優秀な営業マンの条件の一つに「自分の会社のものの流れを良く把握していること」という教訓を挙げています。

たとえ取引先との付き合いやセールストークに長けていても、社内全体の流れを把握できない人は、注文を取るだけ取って、結局は生産現場をコントロールできず、納期が遅れるという問題を引き起こしてしまうことがあります。

言い換えると、「すぐれた営業マンは、樹木構造の隠れたリンクを知っているということである」と結論づけています。

また、スポーツを引き合いに出して、組織においても全体を理解することが大切であることに触れています。

たとえば、ラグビーチームの強さの秘密は、選手たち一人ひとりがラグビーというゲームの全体を理解しているからで、ラグビーというスポーツは、ポジションごとにそれぞれいろいろな役割があります。

ともすれば、個々の選手はポジション別のプレーは得意でも、チーム全体の動きがぎくしゃくすることがあるかもしれませんが、臨機応変なプレーができるチームは、どんなときでもボールを持った選手には必ずサポートする選手がいるので、攻撃がスムーズに続行することができるというのです。

ラグビーというスポーツ全体を一人ひとりが理解していないと、こういうプレーはなかなかできないし、全体を知ることは、もちろん個人にとっても大切なことですが、まさに強くて創造的な組織を作るうえでも大切なことと考えています。

筆者が支援をしている某中小企業でも同じような傾向が見られ、営業、開発、製造、物流といった各部署の改革を目指す活動に自分たちの部署の中だけの効率や改善を考えながら進めていく傾向が見られるのは、同じような背景によるものでしょう。

会社の部署や人数がそれほど多くない組織でも、このような傾向が見られることは、残念なことです。

第2章 学説やフレームワークに見る全体最適経営

ドラッカーらの学説に見る全体最適経営の成功要因

（1）組織論に見る全体最適経営

全体最適経営の先行となる理論を考えるとき、まずはピーター・F・ドラッカー（Peter F. Drucker：オーストリアの経営学者）における組織論に見ることができるでしょう。

ドラッカーは、その著書『マネジメント』の「組織の設計原理と仕様」の中で「ビジョンの方向性」について触れ、「すべての活動は業績を上げるために行われる。組織はいわば、あらゆる活動を業績という一つの動力に換える伝動ベルトのようなものだ。個々の活動のスピードや方向性を、できるかぎり調節せずに成果につなげられれば、その組織は効率が良いといえる」と述べています。

「個と全体の務めを理解する」では、自分の努力が全体の成果にどう結び付くかを理解することが必要であり、そのためには、組織はコミュニケーションを促進する必要があることも力説しています。

また、「第一に、組織の構造は成果のためのものでなければならない」とも述べています。企業の構造のすべてが事業の目標達成と成果のためにあるということですが、もし許されるのであれば、筆者はこの言葉に「活動」という文字を加えて、「組織の構造と活動は成果のためのものでなければならない」といっても良いのではないかと考えます。

組織の成果は企業によって異なるでしょうし、それをどのように達成するのかという計画や手段も企業それぞれですが、経営理念（ミッション）、中長期目標（ビジョン）、共有する価値観（バリュー）と戦略との整合性の重要さを示していると考えられます。

とくに、ドラッカーは組織構造は間接的ではなく、直接的に成果につながるものだということも示唆しています。

さらに、ドラッカーは、「マネジメントが共同意識を育て、機能別組織のセクショナリズムや連邦型組織の島国意識から生ずる遠心力を抑えるには、3つの方法がある」といいます。

1つ目は、トップマネジメントが自らの企業の全体最適に関する意思決定を留保し、全体の視野から俯瞰し、各機能別部門に指摘するという構造が浮かび上がります。

2つ目は、単位組織の垣根を超えた経営管理者の異動・昇進を行うこと。それによって、事業部の垣根を作らないことは有効な方法というのです。

そして3つ目は、共通の目的と信条を持たせること。それは、企業全体で一体感を生みやすくできるからです。

次に、アルフレッド・D・チャンドラー（Alfred D. Chandler, Jr.：アメリカの経営史学者）の「規模拡大と事業部制（非効率の是正）」、いわゆる組織は戦略に従う」といった経営理論も、全体最適化経営に関係する先行研究といっても良いと思います。

チャンドラーは、デュポン社やGM社の詳細な歴史分析の結果、「組織構造は戦略に従う」という有名な命題を導いたことで著名です。

企業は、規模が拡大すると、分化や部門化を経て、職能別組織に移行するようになります。

さらに企業規模が拡大すると組織は複雑にならざるを得なくなり、組織は製品別で事業化し、事業部制へと改編することになるのです。

事業部制組織は、事業部ごとに独立性が高く、職能別組織と比較して意思決定がスムーズであり、柔軟性があります。

しかし反面、事業部ごとのコンフリクト（対立）は高くなり、セクショナリズムの弊害が出てきてしまいます。

そこで、事業部を横断する職能別の組織編成であるマトリックス組織に至ることになります。これも、全体最適化経営の一つの形と考えられるでしょう。

（2）経営戦略論に見る全体最適経営

経営戦略論の観点から全体最適化経営を考えてみると、バランススコアカードとバリューチェーン・マネジメントが挙げられます。

バランススコアカードについては、すでに多くのページをさいて説明しました。

櫻井通晴・伊藤和憲（2009）は、キャプランとノートンの翻訳本で組織の戦略へのアラインメント（alignment：調節、調整、協力、団結）として、企業は次の3つの疑問に答えることができると述べています。

すなわち、①すべての組織ユニットをどうすれば同じ戦略の実行に向けさせられるか（ビジネスユニットのアラインメント）、②サポートユニットをビジネスユニット及び企業戦略とどのように整合性を持たせるか（サポートユニットのアラインメント）、③戦略の実行を支援するのに従業員をどのように動機づけるか（従業員のアラインメント）の3つです。

また、吉川武男（2011）もその訳本の中で、マネジメントシステムとしてのバランススコアカードに触れ、

①ビジョンと戦略を明確にし、わかりやすい言葉に置き換える。
②戦略目標と業績評価指標を結び付け、周知徹底させる。
③計画、目標設定、戦略プログラムの整合性を保つ。
④戦略的フィードバックと学習を促進する。

という4つのマネジメントプロセスを紹介しています。

いうまでもなく、バランススコアカードは前記のアラインメントやマネジメントプロセス

を通して、非財務指標（活動）を財務指標（成果）の達成につなげる因果関係の成立があるところに、全体最適化経営のフレームワークといえるのです。

バリューチェーンは、企業の競争優位性を高めるためのフレームワークで、原材料の調達、製造、販売、保守などの間接部門に当たる人事や技術開発などの各機能単位が生み出す価値を分析して、それを最大化するための戦略を見出すもので、価値連鎖とも呼ばれています。

バリューチェーンを分析した結果、その企業が価値を最も多く生み出すことができる機能に注力し、価値を生み出していない機能は外部に委託する経営戦略を「コアコンピタンス（競争優位分野）戦略」と呼びます。

『Harvard Business Review』（2001）は、バリューチューン・マネジメントの中で価値創造システムではサプライヤーやパートナー企業、提携企業、顧客など、さまざまな経済上の役割を担った関係者が協力して、価値を「共同で創造」することになり、こうした関係者たちの集合体の中での役割分担や相互関係を「再構築」することと述べています。

その事例をＩＫＥＡの低コスト戦略に範を取り、その結果として関係者の多様な能力をかつてない高いレベルで効率的・効果的に組み合わせることによって、価値を創造する総合的なビジネスシステムを創出しました。

（3）生産管理理論に見る全体最適経営

ここでは、制約理論とサプライチェーンマネジメントを挙げて、全体最適の先行研究の一例としたいと思います。

制約理論（ＴＯＣ：theory of constraints）は、ボトルネックを継続的に改善し、システムのパフォーマンス向上を実現するための理論で、イスラエルの物理学者・エリヤフ・ゴールドラット（Eliyahu Moshe Goldratt）によって提唱されました。

ゴールを達成するためには、ボトルネックを継続的に改善する必要があるというものですが、今岡善次郎（１９９８）は、ゴールドラットの小説『ザ・ゴール』（三本木亮訳、２００１）の中での印象的な言葉として、「部分最適の和は全体最適にならない」との記述を紹介しています。

また、デトマー・Ｈ・ウィリアム（Dettmer, H. William）は、内山春幸・中井洋子（２００６）の訳本『ゴールドラット博士の論理思考プロセス―ＴＯＣで最強の会社を創り出せ！』の中で、「部分最適とはシステムの一部の最適化を行い、しばしばシステムの全体の最適化を損なうことであり、部分最適の罠に陥らないためには『制約条件のマネジメント』がカギとなる」といくつかの事例を挙げて述べていました。

また、サプライチェーンマネジメントについて、中野幹久（2016）は、「SCMとは、サプライチェーンにおける複数の部門や企業が、主に調達、生産、販売、物流に関する業務の中でも、とくにモノと情報のストックとフローに関するオペレーション活動を対象に、戦略、構造、プロセスという3つのマネジメント要素を適合させることで、パフォーマンスのトレード・オフを克服し、オペレーションの競争優位を実現する、戦略的かつ組織的なマネジメントである」と定義しています。

また、中野は、SCMは全体最適（total optimization）を実現する概念であり、企業経営における全体最適化とは、「部分最適（local optimization）を避けること」、「従来よりもはるかに良い結果を得ること」、「それぞれの部分（工程）にとっては最も都合がいいが、組織全体にとって最適になるとは限らないこと」とし、ある組織にとってはプラスの効果をもたらす活動が、その他の利害関係者にとってマイナスの影響を及ぼす場合があることを意味しています。

そのような事態を回避して、組織全体にとって好ましい状態を達成することが、SCMを導入する本来の狙いであるとしているのです。

（４）全体最適マネジメント

全体最適マネジメントに関するまとまった書籍としては、石原正博氏（２０１６）の『会社が生まれ変わる「全体最適」マネジメント』（日本経済新聞出版）があります。

同氏によれば、「本書は全体最適のマネジメントという、これまであまり聞くことのなかったテーマを取り上げています」と述べているように、全体最適経営（マネジメント）に焦点を当てた書籍は、あまりなかったということでしょう。

全体最適のマネジメント、すなわち経営を全体最適化することとは、「総力を結集して業界トップを目指します」や「全社一丸となって目標を達成します」といったような経営トップが発するメッセージに近いイメージであると述べています。

ちなみに、部分最適については、「会社の方針、人、組織、仕組み、システムなど、あらゆる経営資源が限られた範囲や部分では最適であるが、会社全体として見れば何ら貢献せず不最適である、もしくは悪い影響を及ぼすこと」と定義しています。

よって、筆者はこの定義を逆さまにすれば、全体最適の定義とは「会社の方針、人、組織、仕組み、システムなど、あらゆる経営資源が会社全体の目標実現に十分に貢献し、良い影響を及ぼすこと」と定義できるかもしれないと考えました。

その定義は、経営のビジョンや戦略に関係づけながら、企業が真に変革を遂げ、競争に勝ち抜いていくためには、人財育成や人事配置、そして人事評価を含めた全体を最適化するよう進めていくことが必要であるということです。

経営方針や戦略、経営計画など、これから企業が向かうべき方向性に関するものをビジョン、日常業務の流れやシステム、各種会議、業務上のルールその他を仕組みにまとめ、最後にビジョンと仕組みをつなげて成果に変えていく社員を「人」とすれば、ビジョン・人・仕組みがつながっていることが、全体最適化経営を実現する重要な成功要因なのでしょう。

全体最適化経営の概念を、前述した石原氏の論点からまとめてみると、以下のように考えられるのではないでしょうか。

①全体最適化経営の定義は、「会社の方針、人、組織、仕組み、システムなど、あらゆる経営資源が会社全体の目標実現に十分に貢献し、良い影響を及ぼすこと」と規定できること。

②売上やコストなどに影響を与えるような、経営が期待する財務的な成果に結び付いていることが必要であること。

③ビジョン、人、仕組みというような経営の主要な要素のつながり具合が、しっかりと強固なものであることが実現できていること。

そこで筆者は、上記の条件を満たせる経営のフレームワークの中から、全体最適化経営へ導けると思われる4つのフレームワーク、すなわち「ビジネスエクセレンスモデル（経営品質賞のカテゴリー）」、「バランススコアカード」、「リスクマネジメントシステム」、そして「ISOマネジメントシステム」に着目し、それらの構成内容を石原氏の論点に基づいて分析し、全体最適化経営へ導くフレームワークの有用性について考察してみました。

全体最適経営に導く4つのフレームワーク

（1）全体最適を考えるフレームワーク

物事を論理的に考えていく場合には、頭の中の情報やアイデアを整理して組み立てていけるフレームワークを使うことが有効ですが、本稿でも全体最適を考えていくフレームワークをいくつか取り上げていきたいと思います。

すでに第2部で紹介しましたが、1つ目のフレームワークは「バランススコアカード」です。

日本でも管理会計の分野や企業でも注目を集めた時期がありました。経営者が戦略ないしはその実践方法を理解しているとしても、実際に実践する担い手となる従業員や下位組織にうまく伝わらないというジレンマを抱える企業には、ぜひうまく使ってもらいたいフレームワークです。

2つ目のフレームワークは、ISOマネジメントシステムです。経営のビジョンやミッションを掲げ、それらを目指す戦略のシナリオと重点目標をバランススコアカードで明らかにして策定したら、次は目標達成に向けた活動をいかに効果的に運用するかです。

ちなみに、ISO9001の2015年版のおおまかな流れを、筆者なりにビジネスの現場の言葉に置き換えてみますと、

・経営のPDCAとリスクベースの運用ができる仕組みを構築し、実践すること。
・事業を取り巻く状況を把握し、利害関係者のニーズと期待を理解すること。

・経営者はビジョン、ミッション、方針などで経営の方向を示し、その実現のためのリーダーシップ発揮とコミットメントをし、責任、権限、役割、組織を明らかにすること。
・リスクを考慮した戦略シナリオと目標及び実施計画を策定し、達成のためのリスク特定・分析・評価・対応を行うこと。
・戦略シナリオと目標を達成するために必要な経営資源（ヒト、モノ、カネ、情報など）の準備と、支援プロセス（支援機能や業務、インフラやITシステム、内部コミュニケーションや教育訓練の仕組みなど）の整備をすること。
・価値創造と外部コミュニケーションの仕組み（ビジネスプロセス、基幹プロセス）を作り、必要な計画、創造、管理、提供を確実に行うこと。
・経営と業務のパフォーマンスを評価し、継続的に改善を行うこと。

となるでしょう。いずれも経営に必要な取り組みばかりです。

そして、3つ目のフレームワークは、ビジネスエクセレンスモデルです。

ボルドリッジエクセレンスフレームワークの最新版によれば、このパフォーマンスエクセレンスプログラムは、組織のパフォーマンスを改善し、グローバル市場での競争を成功裏に導くものという意味の記述が見られます。

そして、重視する領域としては、リーダーシップ、戦略、顧客、測定・分析・ナレッジマネジメント、働く人々、オペレーション、成果という7つのクライテリアに注目しています。

全体最適化を図るには、非常に有効なフレームワークなのでしょう。

(2) 3つのフレームワークに共通する全体最適の因果関係

筆者らが企業や大学の関係者と話をするときに、決まって出される質問があります。それは、「高橋さんのご専門は何ですか?」という問い掛けです。

振り返ってみれば、経営スタッフとして会社の管理手法を組織内に展開させながら、マネジメントチームをサポートしてきたという経歴があり、あらためて考えてみると、他の学者先生のように胸を張って答えられるような専門を極めたようなものはありませんでした。

強いていえば、経営の質を高める管理手法の組織内展開のノウハウ蓄積のところに専門性があるといえるかもしれません。

いわゆる、良い経営を進めていく流れについて語ることも多く、したがって、講演やセミナーでは以下のような「良い経営の流れ」を説明することが少なくありません。

社員満足向上

←　高い質（価値創造・正しいプロセス）の実現と提供

←　顧客満足向上

←　ビジネス目標達成（企業価値向上）

すでに何度か見ていただいた考え方ですが、この「良い経営の流れ」は、バランススコアカードやＩＳＯマネジメントシステム、それにビジネスエクセレンスモデルのフレームワークにも通じる基本的な考え方でもあります。とても重要な考え方なので、再度振り返ってみました。

もちろん、経営者がビジョンやミッションなどで経営の方向性を示し、社員を動機づけていくことは不可欠ですが、社員が仕事にやりがいを感じながら生き生きとして働くことができれば、仕事に対する姿勢と意識はおのずと高まり、そこから生み出される製品やサービスの質は顧客に選ばれる競争力の高い優れたものになり、自然と顧客や市場での評価は高まり、その結果として財務目標などの経営の最終目標が達成されるという流れになります。

この基本的な考え方は、3つのフレームワークの根っこのところは同じなのだということを強調したくて紹介したのですが、もう一つ加えておくとすれば、3つのフレームワークに共通するキーワードは「全体最適」に導く「因果関係」なのです。

これまでの管理の仕組みを組織内に展開してきた活動を振り返ってみれば、その多くはこの全体最適の重要性を唱えてきたことばかりではなかっただろうかと思います。

リーダーシップ、経営者としての信念と軸足、バランススコアカード、ISOマネジメントシステム、それにビジネスエクセレンスモデルの考え方は、いつもこの「良い経営の流れ」に結び付けて解説してきたのでした。

部分最適も大切ですよという意見をいただくこともありますが、要は両者のバランスが大切なのでしょう。

(3) バランススコアカードが導く全体最適

経営トップにしてみれば、企業や組織の戦略を「見える化」し、経営トップから現場まで

「浸透・展開」させ、自社の内部の動きや成果がどうなっているのかを、重要な側面について迅速に、現実的に、そして具体的に把握することを渇望していることは、間違いのない欲求に違いありません。

彼らが本当に知りたい戦略的な行動や重要な成果が、定量的にKPIで表されるバランススコアカードは、「全体最適」の要望に叶うものと考えます。

バランススコアカードの特徴の一つは、経営の全体の現状を1枚の表で見られることです。経営管理者は、まずは目指すべき全体の姿（ありたい姿）にスポットを当て、重要な目標の達成具合がうまくいっているのかいないのかを知る必要があります。

バランススコアカードは、組織全体の戦略目標の展開という仕組みで作られていますので、指標で結果を表示することにより、それを可能にしてくれるものとなるのです。

これは、経営管理の業績評価というものを、財務的な目標だけではなく、他の側面（視点）からも構成されるバランスの取れた全体像でとらえる、という狙いがあります。

経営者は全体の状況をいち早く把握し、関係する個別の問題や課題をたどっていくプロセスが可能となるのです。

2つ目は、経営指標と事業戦略が整合されている1枚の表であるということです。

バランススコアカードは、財務、顧客、業務プロセス、学習と成長という4つの視点に分けて戦略目標を作っていきますが、それらはバランススコアカードを作って達成したい「ありたい姿」である事業戦略目標達成につながっていくように作成していくからです。

さらに、先行指標と結果（事後的）指標とが明確に関係づけられて記載されていることも重要なポイントです。

結果指標は、経営全体の結果や評価を示すものであり、たとえば売上や利益がこれに当たります。結果指標は従来から使われている経営指標であることが多く、これに対し、先行指標は結果指標を実現するためのドライバーとなります。

結果は何度見ていても結果ですが、「何をすべきか」という先行指標が担う役割があるところに、バランススコアカードが単なる目標管理シートではない理由があります。

バランススコアカードを全体最適に導く納得感の高いフレームワークとしてうまく使うには、4つの視点（あるいは戦略目標）の因果関係が正しくできているかが重要なポイントです。

重要成功要因が、最終的にこのバランススコアカードを使って達成したい組織や部門の戦略目標につながっていくのか、あるいはつながっていかないのかで判断していくのです。

（4）ISOマネジメントシステムで運用する全体最適

ＩＳＯマネジメントシステムの認証取得をしている企業経営者とお会いすると、とくに企業の創業者や中小企業の経営者の方々が必ず話されることは「経営への熱い思い」です。それはまさに、ご自身の企業経営への「夢」や「信念」を語っておられることが多く、感銘を受けることが多くあります。

同時に、ＩＳＯマネジメントシステムへの期待も大きく、いかにして品質や環境のマネジメントシステムの運用を、経営の成果に直結できるかに心を砕いておられます。

それらの企業経営者の方々のお話を通じて感じることは、ＩＳＯマネジメントシステムを導入し、認証を取得し、継続する中堅企業経営者の方々には、大きく分けて４つの目的を持つ傾向があるのではないかということでした。

その１つは、経営や管理の仕組みをしっかりさせて事業継続（あるいは事業継承）を実現すること。２つ目は、管理の「見える化」をして効率や生産性の改善を図り、事業競争力を高めること。

３つ目は、海外取引拡大には国際標準規格認証取得が不可欠という認識があること。そして4つ目は、顧客からＩＳＯ認証取得を取引条件として要望されていることでした。

このことは、経営者はＩＳＯマネジメントシステムに対して「全体最適」の役割を期待していることにほかならないと感じられます。

経営においてＩＳＯ９００１を使うには、「経営」、「品質」、「ＩＳＯ９００１」という3つの段階を認識する必要があります。

まず「経営」において「品質」がどう位置づけられるかを認識する必要があり、品質は広義に解釈すると、経営のほぼすべてをカバーします。

組織が存在するのは、お客様に製品・サービスを提供し、受け入れてもらうためです。そのためのマネジメントシステムにおいて、品質が中心に位置していることは疑う余地がないといえます。

「安く、早く、たくさん作ろう」という考えに比べると、「お客様に喜んでいただける良いものを提供しよう」という「質」の根元性からいっても、非常に広範囲をカバーしていることがわかります。

その意味で、顧客志向を中心思想として、品質に焦点を当てることこそが経営の要諦ですので、それが品質に関わるマネジメントシステムモデルということだけで、ＩＳＯ９００１

は経営に活用できるといえるでしょう。

次に「品質」において「ＩＳＯ９００１モデル」がどう位置づけられるかを認識する必要があります。ＩＳＯ９００１モデルだけで、品質経営に必要なすべての要素がカバーされているわけではなく、ＩＳＯ９００１の品質マネジメント全体に占める位置はかなり低いようです。

それでも、国際標準化されたモデルであり、販売にも調達にも重要な役割を果たしています。ＩＳＯ９００１の要求事項が限定されていることを承知し、これを経営の基盤にし、その上に適用組織に相応しい独自のマネジメントシステムを構築することが、経営においてＩＳＯ９００１を活用する際に持つべき重要な視点だといえます。

顧客に受け入れられる良質の製品・サービスを提供する総合的能力を「競争力」と理解することにして、その競争力のためにＩＳＯ９００１をどう活用すれば良いか考えたいところです。

競争力というと、技術の先端性、圧倒的な規模や速度などを想起するかもしれませんが、広い視野を持ったほうが良いと思います。

競争力とは、あるビジネスドメイン（事業領域）において、どの能力が強ければ優位に立てるかという視点での能力です。

するると、ある業界、ある分野、ある時代において、基盤がしっかりしていること自体が強みの源泉であることはいくらでもありうるわけで、他には、顧客志向、製品・サービスの実現能力である技術力、価格競争力のような総合技術力・マネジメント力、人材、あるいは組織風土・文化や精神構造、こうしたものが強さの要因であるような分野もあります。

その鍵を握るのが「全体最適」であると筆者は考えています。


ＩＳＯマネジメントシステムでは、プロセスアプローチが重要で基本的に求められる考え方ですが、その理解と浸透ができていない状況では、自部門と他部門とどのように関わっているのかをしっかりと理解されていない証拠であると考えられます。

よく聞かれる話で、ＩＳＯ９００１を導入して初めて他の部門がどのような仕事をしているかが理解できたという組織が多いと聞きました。

日本の組織はもともと縦割りが基本で、他の部門との横の連携が不足しているところが少なくありませんでした。ところが、ＩＳＯマネジメントシステムの導入をきっかけに、一気に他部門との連携が進み、製品やサービスのための全体最適の考え方に変わってきたという好事例です。

顧客が求める製品やサービスを効果的に提供するには、すべての関係する部門の協力があってこそ成し遂げられるわけで、ＩＳＯを導入してもまだ部門間の壁があるようなら、まだプロセスアプローチの考え方が理解浸透していないということになります。

ＩＳＯのマネジメントシステムでは、全体最適の前に個別最適のプロセスも重要だという考え方もあります。

個別プロセスがどのように運営管理されているかですが、たとえば設計・開発のプロセスで顧客が求める内容と合致した結果を出しているのか、これらの個別のプロセスが適切に管理され、それらすべてが全体として効果的に運営管理されてこそ、真のプロセスアプローチが実行されていることになり、全体最適が成立するのです。

その実行状況を内部監査やマネジメントレビューでチェックし、ＩＳＯ９００１の最終目的である顧客満足を達成するために、部門間の協力と組織全体としての顧客が求める製品やサービスを提供するという真摯な姿勢が必要となります。

世の中は、顧客に提供する一つの製品やサービスが評価される時代から、組織全体が評価される時代に変わりつつあります。

その意味では、ここでのプロセスアプローチという考え方をしっかりと理解することが、顧客満足の目標の達成と実現には不可欠です。

ＩＳＯ９００１が役に立たないとか、維持コストがかかるとか、社員の士気が低下するとか、いろいろな理由をつけてＩＳＯ９００１の認証を返上する組織が見られますが、ＩＳＯ９００１をベースにして、顧客の立場に立った顧客重視、顧客志向、顧客満足を実現する顧客との良好なコミュニケーション、力量に見合った教育と人材育成、クレームの大幅な削減、使い勝手の良い文書管理などを通じて、組織全体の目的や目標に結び付く活動の推進と仕組み作りが大切であることの意識を高めることが必要です。

(5) グローバルで認められたビジネスエクセレンスモデルが目指す全体最適

20世紀、１９８０年代にアメリカ企業の競争力が低下し、その苦境から復活させるため、政府によるさまざまな優遇を与えられ、企業に対して最も良いビジネス環境が整備されていました。

また、当時の日本やドイツを徹底的に研究している企業経営者向けに、競争力向上に積極的な支援活動が行われました。

その理由は、アメリカ企業経営上に解決しなければならない問題があったためです。当時のアメリカ企業が直面している問題は主に3つだといわれていました。

第1の問題は、経営革新プロジェクトの趣旨が組織に浸透し、現場から理解を得られるのが難しいこと。第2の問題は活動成果を測定し、活動を継続させる評価基準が制定されていないこと。第3の問題は活動成果に対しての達成レベルを客観的に評価することでした。また、ベンチマーク（指標や基準）とする企業や競合他社との比較をどのように行うかにも、課題があったといわれていました。

以上の問題を解決するため、Baldrige National Quality Program（ＢＮＱＰ）及びＭＢ賞の公開資料を参考できる体制と仕組みを構築したのでした。その結果、ＭＢ賞の評価基準も企業の経営上のマニュアルとなっていきました。

その後、１９８０年代末頃に欧州における欧州品質賞（ＥＦＱＭ）が設立されました。欧州品質賞はＭＢ賞の概念を踏襲し、欧州品質賞と経営管理システムを導入することで、企業経営の継続的なエクセレンス創造を成し遂げ、事業の継続的発展を実現しようとしたものでした。

欧州品質賞は、ＭＢ賞と比較するとチェックリスト形式で評価基準が作成されていますが、そのフレームワークは有効な経営管理モデルとして欧州の企業に認められました。企業の品質保証体系と整合させながらステークホルダー（利害関係者）満足度を高め、経済的効果と社会的効果を達成するサステイナビリティ（持続可能性）重視の先駆けとしての経営品質賞と思われます。

そして、1990年代に入り、日本経営品質賞が登場します。日本の企業が国際的に競争力のある経営構造への質的転換を図るため、顧客視点から経営全体を運営し、自己革新を通じて新しい価値を創出し続けることのできる「卓越した経営の仕組み」を有する企業の表彰を目的として創設されたビジネスエクセレンスモデルです。

経営アセスメントでは卓越した経営モデルを目指し、組織のイノベーションを求めるため、4つのポイントを中心として評価を行っています。

1つ目は、事業環境の変化に対応できる独自の戦略性に対しての評価であること。価値前提に立って事業環境の変化に対応し、自組織の能力を明らかにし、他組織には真似のできない独自のやり方で顧客価値を創造し、競争力を確保し続けているかどうかを評価することです。

2つ目は、一貫性と「全体最適」に対しての評価です。組織の価値実現に向かって、すべての仕組み、プロセス、活動が相互に関連して補完しあうとともに、活動一つひとつに矛盾がないことが望ましい姿であるということです。さまざまな仕組み、プロセス、活動が経営理念や目標と一貫性を持ち、全体の最適化が図られているかどうかを評価します。

3つ目は、学習に対しての評価です。組織は改善を積み重ねることで、多くのことを学びます。組織が学習するには、現在行っているさまざまな活動とその展開の状態を直視し、その課題を明らかにし、将来に向けて優れたやり方を創造していくことが求められます。

こうした学習には個人の主体的学習態度が重要ですが、個人の主体的学習態度が高まる仕組みが確立しているかどうか、さらには学習が経営革新にとって重要なツールとなっているかどうかを評価するのです。

4つ目は、効果が生み出されているかどうかに対しての評価です。組織は短期的な効率を追及するばかりでは、高い価値を創造することはできません。

一時的な財務の結果ではなく、さまざまな仕組みが生み出す効果に着目しています。目的が明確になっていなければ、効果を明らかにすることができません。組織の価値観、それに基づく戦略や実行計画、活動の結果から効果が生み出されているかどうかを評価します。

これらのアセスメント基準に基づき、日本経営品質賞では企業の組織成熟度のレベルを表すことにしており、評価結果を受けた組織が継続的にレベルアップを図る重要な評価情報になっています。

(6) リスクマネジメントシステムにおける全体最適のフレームワーク

2010年に『リスクマネジメント―原則及び指針』(以下、リスクマネジメント規格)が、JIS Q 31000:2010(ISO31000)として(財)日本規格協会から発行されました(図表3.2.1)。

リスクマネジメントは事業計画の達成を支援する仕組みと位置づけていること、あらゆる経営活動や範囲と形態のリスクを運用管理するための原則及び指針であることなどの目的を標榜しています。

ほとんどの業界や組織では中期事業計画を作成し、自分たちが決めた目的や目標の達成に向けて日々の取り組みが行われていますが、組織の外部での動きのみならず、ときには予期せぬ内部の事情で組織の目的や目標の達成が左右されることが少なくありません。

むしろ、想定外の事情や障害などが起こる「不確かさ」のほうが多いのが実情ですが、実はこの不確かさこそが、会社や組織が達成したい事業目的や目標に影響を与える「リスク」

ISO31000:2009（構成）

4 枠組み

4.1 一般
4.2 指令及びコミットメント
4.3 リスクの運用管理のための枠組みの設計
4.4 リスクマネジメントの実践
4.5 枠組みのモニタリング及びレビュー
4.6 枠組みの継続的改善

5 プロセス

5.1 一般
5.2 コミュニケーション及び協議
5.3 組織の状況の確定
5.4 リスクアセスメント
5.5 リスク対応
5.6 モニタリング及びレビュー
5.7 リスクマネジメントプロセスの記録作成

出所：「JIS Q 31000:2010 リスクマネジメント-原則及び指針」日本規格協会

図表3.2.1　リスクマネジメント（ISO31000）のフレームワーク

の要因と呼ばれるものです。

組織が毎日取り組んでいる活動には、常にリスクがあります。目的や目標を達成するために、どんなリスクがあるのか、それらのリスクがどのように影響を与えるものなのか、そして、どのように対応すべきなのか。その運用管理は、ややもすると場当たり的（部分最適といっても良い）な印象がぬぐえません。

リスクの抽出、分析を個別に対応し、場合によってはその後もさらなるリスク対応が新たに必要になってしまう事態もあるようです。

リスクマネジメント規格によれば、リスクとは「不確かさが組織の目的に与える影響」とあります。

リスクを考える場合には、期待に対して好

ましい方向、または好ましくない方向に乖離《かいり》することの両方を想定すべきであり、好ましい影響を最大化することと、好ましくない影響を最小化することを同時に考えることが必要です。

組織において、すでにリスクマネジメントを部分的にでも実施している場合が少なくありません。それらの活動や取り組みについてＩＳＯ３１０００の規格を参考にしながら現状を見直してみると、漏れがなく必要な要件を網羅できるリスクマネジメントにすることができると考えられます。

言い換えれば、ＩＳＯ３１０００の規格をガイドにしてレビューをしてみたらどうかという提案です。

そのような意味で、リスクマネジメントの有効な運用管理をするためのＰＤＣＡの仕組み、構造、枠組み（フレームワーク）、プロセスなどを示すことは有意義なことであり、それらを自分たちが重要と考えるリスクに使ってみることが、リスクの運用管理を具体化し、全体最適化経営につながるフレームワークとして使えると考えられます。

高度成長が望めない今、企業が生き残り続けるためのリスクマネジメントの重要性が増しています。検討すべきマネジメント上の課題としては、ガバナンス（管理体制の構築や企業の内部統治）の強化があります。

ボード（取締役会や経営層）の指示は、グループ全体に行き渡っているか、実行されていることを確認できているかです。

また、ＩＴを活用したマネジメントの強化として、グループ全体の会計データ（財務・管理）はどのような状況なのか、リスク情報（ＫＲＩ：Key Risk Indicator）は適時ボードに集約できているかどうかです。

現在のビジネス環境では、リスクのない機会を探すことが難しくなっています。収益の機会としては、Ｍ＆Ａ、新商品開発、ＣＲＭ（Customer Relationship Management：顧客関係管理）の推進などがありますが、シナジー効果（相乗効果）が出ない、売上不振、個人情報漏洩などのリスクはついて回るものでしょう。

しかし、リスクを負わないこと自体がリスクになってしまう場合もあり、これからはリスクインテリジェンスと呼ばれる、賢くリスクを取ることが重要になります。リスクを取らない「引きこもり」や「リスクを無視して暴走」は困りものです。

リスクインテリジェンス企業とは、企業がその目的を達成し、新たな企業価値を創造するために、賢くリスクテイクし、そのリスクを効果的に管理していこうという考え方です。

伝統的なリスクマネジメントの主な目的は、企業の破綻や損失の回避であり、その管理範囲は損失と現在すでにあるリスクです。

一方、リスクインテリジェンスの主な目的は企業の目標達成であり、その管理範囲は損失と収益機会及び現在と将来のリスクと機会になります。

言い換えると、収益の機会は「将来のバリュークリエーション（Value Creation）」であり、既存価値の保護は「現在のバリュープロテクション（Value Protection）」といえるでしょう。

この2つのキーワードが、リスクインテリジェントな企業となり、企業の目標達成につながるリスクマネジメントです。

そのため、部門単位のリスク管理から企業グループ全体のリスク管理、すなわち、部分最適から全体最適へ視点を移す必要があるのです。

部門単位では、リスク管理ができている会社もあるでしょう。たとえば、製品の品質管理などですが、しかしながら、部門任せのリスク管理であることが多いのではないでしょうか。部門では最適でも、全社（企業グループ）の目で見ると、漏れや重複が発生します。

また、特定リスクへの低減から、全体リスクの低減への取り組みも必要です。特定のリスクについてはリスク管理ができているが、そのリスク対策が別のより大きなリスクになっている場合もあるかもしれません。

たとえば、過剰な個人情報の利用制限が利用者の不満につながるなどの事例です。特定のリスク対策はできていても、全体の目で見ると、かえってリスクが大きくなることも考えられます。

（7）全体最適経営に導くフレームワークの相互比較

以上、4つのフレームワークについて述べてきましたが、これらのフレームワークを構成している全体最適経営の要因として、

①最適の定義「会社の方針、人、組織、仕組み、システムなど、あらゆる経営資源が会社全体の目標実現に十分に貢献し、良い影響を及ぼすこと」

②売上やコストなどに影響を与えるような財務的な成果への結びつき

③会社の方針やビジョン、人、仕組みという　要素のつながり具合を強固にする取り組み

全体最適化経営の定義及び要素	ビジネスエクセレンスモデル（経営品質賞）	バランススコアカード（BSC）	リスクマネジメント（ISO31000）	ISO マネジメントシステム（ISO9001：2015）
①全体最適化経営の定義	◎	◎	◎	◎
②財務成果への結びつき	◎	◎	○	△→◎
③方針、ビジョン、人、仕組みのつながり具合	◎	◎	○	◎

図表3.2.2 全体最適化経営の要素・定義と4つのフレームワークの相互関係

という3つの切り口から相互比較すると、**図表3．2．2**に示すように、そのほとんどは網羅できていることがわかるでしょう。

この中で、ＩＳＯマネジメントシステムと、②財務成果への結び付きが弱いことが示されていますが、その理由としては、ＩＳＯマネジメントシステムの要求事項に財務との結び付きが明記されていないことが考えられます。

したがって、ＩＳＯマネジメントシステムの目標に財務の目標を入れ込むことや、バランススコアカードで経営（品質）目標を策定し展開することを併用することで、②の項は◎になっていくはずです。

ちなみに、ドラッカーが論じている「マネジメント」は、ＩＳＯマネジメントシステム規格の構造によく似ているということを、ＩＳＯ研究会が述べています。

彼らによれば、ドラッカーは事業戦略を３つの段階、「コア・プロセス」、「支援プロセス」、「経営プロセス」に分けて表現し、コア・プロセスは「8．運用」、支援プロセスは「7．支援」、経営プロセスは「4．組織の状況」・「6．計画」・「9．パフォーマンス評価」・「10．改善」が該当すると述べています。

そして、これらに積極的に関与して推進するための「5．リーダーシップ」が、それぞれに対応しているといいます。

ＩＳＯ研究会は、ＩＳＯ９００１：２０１５が経営に近づいた証左として、以下のような見解を述べています。

まず、「4．組織の状況」では、経営戦略を考える際に、組織が置かれた状況を把握するためにＳＷＯＴ分析を用いることがしばしばあることを紹介しています。組織の状況を、強み（Ｓ）、弱み（Ｗ）、機会（Ｏ）、脅威（Ｔ）で分析し、戦略の方向を導こうというものです。

「5．リーダーシップ」では、トップマネジメントがさまざまな場面でリーダーシップを取って企業の経営運用をしていく記述になっていることを報告しています。

「6．計画」はリスクと機会への取り組みで、意図した結果の達成、望ましい影響の増大、望ましくない影響の防止と低減、改善の達成などが網羅されています。いずれも、経営戦略的なレベルまで踏み込んだ内容になっていることに注目したいところです。

そして、「7．支援」と「8．運用」は、支援プロセスと基幹（ビジネス）プロセスを明確にしていること。さらに、「9．パフォーマンス評価」においては、意図した成果が得られているかどうかを検証する仕組みが示唆され、リスクと機会への取り組み（戦略的な行動）の有効性についても検証することが期待されていること。「10．改善」では、現状を打破する改善や革新及び組織再編など、改革やイノベーションを発想させる意味合いがあることなどです。

このことから、ＩＳＯマネジメントシステムが扱う範囲が従来の運営管理から経営にまで近づいていることが確認できます。

そして、ＩＳＯマネジメントシステム全体のＰＤＣＡサイクルと、「8．運用」の製品及びサービスの価値提供プロセスにおけるＰＤＣＡサイクルという2つのＰＤＣＡサイクルを回しながら、全体最適経営が進められていくことになります。

(8) ワンページストラテジー

全体最適化経営への試みとして「ワンページストラテジー(One Page Strategy)」という手法を紹介しておきます。

これまで、全体最適化経営に導く考え方として、ビジネスエクセレンスモデル、ISOマネジメントシステム、バランススコアカードという3つのフレームワークについて述べてきました。

ところが、私たちが直面する実際の経営現場では、それぞれのフレームワークを別々に導入展開したり、業務運用したりすることはあまり見られず、複数の異なった手法やフレームワークが同時並行的に、あるいは融合させたりして経営を進めていくのが現実でしょう。

そこで、本章で主に扱った3つのフレームワークを融合させた全体最適化経営の手法の一例として、One Page Strategy があります。

その概念図を**図表3. 2. 3**に示し、One Page Strategy の構成要素と作成手順を以下に述べることにします。

経営の方向	経営の主な取り組み	経営の主な目標	主要な行動内容と責任者
①ミッションの設定 ⬇ ②ビジョンの設定 ⬇ ③戦略の策定 ⬇ ④戦略(経営)目標の設定 ⬇ (右欄に続く)	⑤リーダーシップ ⬇ ⑥戦略と方向 ⬇ ⑦人材 ⬇ ⑧パートナーと経営資源 ⬇ ⑨プロセス ⬇ (右欄に続く)	⑩企業価値の向上 ⬇ ⑪財務に関する目標 ⬇ ⑫顧客・社会・世間に関する目標 ⬇ ⑬変革・改善プロセスに関する目標 ⬇ ⑭組織・人材に関する目標 ⬇ (右欄に続く)	⑮経営の主な目標の責任者 (担当役員や事業部門長)を決定 あるいは 関係部門への下位展開

図表3.2.3　ワンページストラテジーの一例

・ステップ1：経営の方向を明らかにする（ミッション、ビジョン、戦略、戦略目標など）。

←

・ステップ2：経営の主な取り組みを構築する（ビジネスエクセレンスモデルやＩＳＯマネジメントシステムのフレームワークを活用）。

←

・ステップ3：経営（戦略）の主な目標を設定する（バランススコアカードのフレームワークを活用）。

←

・ステップ4：計画達成への責任者、施策、下位展開を実施する（アクションプランの決定、実行、検証、見直しと是正によるＰＤＣＡサイクルの実践）。

第3章 社会システムと技術システムの融合による全体最適経営

経営に役立つISOマネジメントシステム

(1) 経営に資するISOマネジメントシステムは普遍的な命題

読者の皆さんの中にもご存じの方がいらっしゃるかもしれませんが、フィリップスはマトリックス組織を長い間取ってきており、各ビジネスユニットのグローバルトップから日本支社の事業部長へその指示が下されてきました。

日本支社にあった各ビジネスユニットの事業部は、どちらかといえば彼らの属するビジネスユニットの製品や部品を販売する拠点であったため、ＩＳＯ９００２の認証を取得する傾向が強かったのですが、唯一、シェーバーやコーヒーメーカー、それにオイルヒーターなどを販売していた家電事業部が、彼らのマーケティング企画を設計・開発するためのプロセスと位置づけて、ＩＳＯ９００１の認証を取得していました。

いわゆるサービス分野の組織がＩＳＯ９００１の認証を取得したことは業界でも珍しいことで、ある新聞に記事が掲載されたことを覚えています。

その後、日本支社内の事業部門が個別にＩＳＯマネジメントシステムの認証取得をしていたのではコストも手間もかかるということから、またマトリックス組織の横串（National Organization）である日本フィリップスの方針展開を強化する意味でも、ＩＳＯ９００１の認証を一本化したいと提案したところ受入れられ、経営品質部と称する部門を創ってもらいました。

以後、オランダ本社から経営品質賞やバランススコアカードなどの経営手法を導入する担当部門として、各事業部へのファシリテーション（会議やミーティングを円滑に進める技法）の役割を担っていました。

その頃から意識するようになったテーマとして、「ＩＳＯマネジメントシステムをいかに経営に役立てるか」という命題でした。

その頃は、ＩＳＯ９００１は品質管理の延長と位置づけられていたので、いわゆる適合品質に力点を置いた取り組みが多く見られたのですが、しばらくすると、ＩＳＯ９００１を導入しても品質不良が減らないといった声も聞かれるようになり、せっかく時間とコスト、それに苦労を費やして認証取得をしても、経営陣から効果に対する疑念の声も聞かれるようになってきたのでした。

それらの疑念に対して、推進している筆者たちも明快な回答を持っていたわけでもなく、悶々とした気持ちで認証維持に取り組んでいたのが実情だったのです。そのような背景もあって、社内外の方々と経営に資するＩＳＯマネジメントシステムについて、多くの議論を重ねてきました。

「経営に役立つＩＳＯマネジメントシステムとは何か？」と問われれば、ひと言でいってしまえば、「経営者が役に立っていると評価するマネジメントシステム」のことでしょう。

多くの経営者は、彼らが率いる企業の経営目標を実現したいと考えています。その実現に寄与できる成果が認められれば、経営に役立つことが実証されます。

そのような意味で、ISOマネジメントシステムが2015年版となってフレームワークが経営の仕組みに近づいたことは、一つのターニングポイントでした。そのために、審査の視点も単なる品質や環境の視点のみならず、経営の意図した成果に審査の視点を置き始めたこともあり、複数の審査員からも「某社の経営者は、2015年版の前までは、審査結果を見ても本当に経営の役に立つ指摘やアドバイスになっていないのではないかと感じることが多かったが、2015年版以降は経営の視点で審査報告書を書いてくれるようになったので、ISOマネジメントシステムに対する印象がずいぶんと変わりました」というコメントが聞かれるようになりました。

ただ、そのような企業の管理責任者や推進チームには、単にマネジメントシステムを維持・管理するだけではなく、経営方針の理解・共有と経営マインドを持っている方々がおられることを知る必要があります。

(2) 経営者と管理責任者の目指す姿はなぜ違う

10年ほど前に某認証機関のプロジェクトに参加させていただき、ISO認証取得組織を対象としたアンケート調査をしたことがありました。

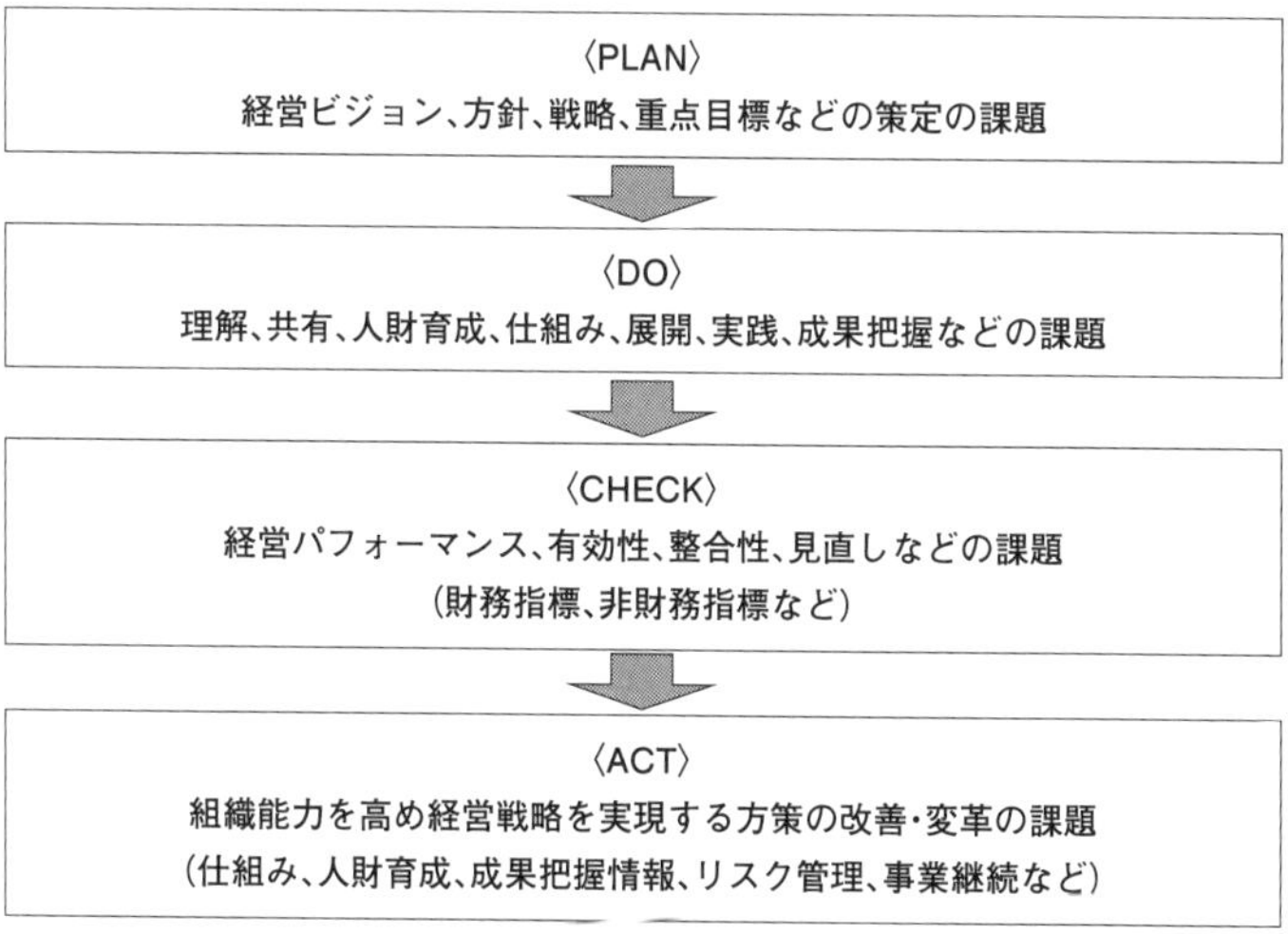

図表3.3.1　経営者と管理責任者へのアンケート構成項目

経営者と管理責任者に同じような質問（**図表3．3．1**）を送り、両者の回答にどのような違いがあるのかを把握するためでした。

質問の中には自由に回答を記述していただくものもあり、およそ400社からの回答の量は膨大な文字数となり、結局、日本大学大学院教授のご協力を得て、テキストマイニングの手法を使って分析を試みました。

その結果、経営者と管理責任者の回答には、両者の組織におけるポジションの差が反映されていることが確認できました。

具体的には、経営者は「顧客」、「市場」といった外部に関する語を多く用いる傾向があるのに対して、管理責任者は「組織」、「研修」、「教育」といった内部に関する語を多く

質問の項目	経営者の回答		管理責任者の回答	
	質問の項目	傾向	上位頻出語	傾向
① ビジョン策定・ 展開上の課題	顧客、変化、市場、見直しなど	外部への関心が高い傾向	組織、実施、社員、展開など	組織内部に向かう傾向
② 戦略展開・ 実践上の課題	・顧客、変化、人財育成の順番で頻出度が高い ・経営方針が含まれている	・事業環境や顧客などの外部に目がいく傾向 ・管理責任者の回答にある組織が上位頻出語にない傾向	・人財育成、変化、顧客の順で頻出度が高い(経営者の回答と逆の順) ・組織が含まれている	・内部への課題への関心が高い傾向 ・経営者の回答にある経営方針が上位頻出語にない傾向
③ 経営組織の構築・ 運営上の課題	・①、②と同傾向 ・対応、組織体制の見直しも含まれている	・経営者のミッションやポジションを反映した傾向	・①、②と同傾向 ・教育、参加、目標管理、等も含まれる	・ISOマネジメントシステムの運用に必要な人的関連が多い傾向
④ 業務運営・実践 上の課題	新規事業、新製品、コストダウン、開発など	前向きな課題や収益性を重視する傾向	新規事業、新製品、教育	組織内のポジションを反映した傾向

図表3.3.2　経営者と管理責任者回答の上位頻出語と傾向

用いる傾向が見られたのです。もう少し詳しく結果を見ていくと、なかなかおもしろい傾向が見えてきました（図表3.3.2）。

1つめは、ビジョン策定・展開上の課題についてです。「貴組織のビジョンを経営の中で策定・展開するにあたり、どのような課題をお持ちですか。また、それらの課題解決のために、どのようなお取り組みをされていますか」という質問に対する自由記述回答について、経営者と管理責任者の頻出語を比較しますと、経営者は「顧客」が多く、反対に管理責任者は「組織」が多かったのです。

また、「顧客」と同様に「変化」、「市場」、「見直し」という回答が経営者に多く見られたのに対して管理責任者では少なく、むしろ管理責任者では「実施」、「社員」、「展開」といった頻出語が上位を占めていました。ここから経営者は、顧客をはじめとした外部に関心が高く、管理責任者の関心は組織内部に向かう傾向が読み取れます。

2つ目は、戦略展開・実践上の課題についてです。「貴組織の経営戦略の展開や実施にあたり、どのような課題をお持ちですか。また、それらの課題解決のために、どのようなお取り組みをされていますか」の自由記述回答について、経営者と管理責任者の頻出語を比較すると、経営者と管理責任者で異なる点が興味深いところでした。

経営者は「顧客」、「変化」、「人材育成」の順序で上位にあるのに対して、管理責任者はその逆の順序になっていました。

また、「市場」、「見直し」、「経営方針」が経営者の頻出語に現れていることに対して、管理責任者の頻出語には入っていませんでした。

「組織」が管理責任者に多く見られるのに対して、経営者の頻出語には入っておらず、経営者が事業環境や顧客といった外部に目が行くのに対して、管理責任者は内部の課題への関心が高いという傾向が示されていました。

3つ目は、経営組織の構築・運営上に関する課題についてです。「貴組織の構築や運営にあたり、どのような課題をお持ちですか。また、それらの課題解決のために、どのようなお取り組みをされていますか」の自由記述回答についての頻出語の比較ですが、前述した「ビジョン策定・展開上の課題」、「戦略展開上の課題」と同じような傾向が見られました。

経営者では「変化」、「対応」、「（組織体制の）見直し」といった用語がかなり多く出現しているのに対して、管理責任者は、「人材育成」、「教育」、「参加」、「ＯＪＴ（On the Job Training：新人や未経験者に実務を体験させながら仕事を覚えさせる教育手法）」、「研修」、「目標管理」、「資格取得」といったＩＳＯマネジメントシステムの運用に必要な人的関連の語が多く見られました。

経営者と管理責任者の組織内のミッションやポジションによる差が出ているのが原因かと思われます。

４つ目は業務運営・実践上の課題についてです。「業務運営や実践にあたり、どのような課題をお持ちですか。また、それらの課題解決のために、どのようなお取り組みをされていますか」の自由記述回答についての頻出語の比較では、経営者も管理責任者も「新規事業」や「新製品」といった前向きの課題を重視している点は共通しているのですが、経営者は「コストダウン」や「開発」、管理責任者は「教育」がかなり多いという結果でした。経営者は収益性により関心が高いという、ここでも組織内のポジションによる意識の差が現れていました（図表3．3．2）。

この結果をもって、直ちに「日本企業の経営者は外部志向が強いのに対して、管理責任者は内向きである」と結論づけるのは危険ですが、そのような傾向とISOマネジメントの形骸化やグローバル競争力の低迷との関係を検討するうえでは、重要な示唆になるのではないかと考えられます。

いずれにしても、経営者が目指す道筋と管理責任者が取り組む方向とは違う姿が描かれているように思えます。

（3）キーワードは「5つの視点の因果関係」

経営の仕組みやバランススコアカードとISOマネジメントシステムとを同化させてきた筆者から見れば、多くの日本企業のISOマネジメントシステムの運用状況には、何か物足りなさを感じざるを得ません。

その理由の1番目は、ISOマネジメントシステムの成果が企業の経営成果である財務の目標達成につながっていないことではないかと思われます。

2番目の理由としては、現場で策定しているＩＳＯマネジメント目標が、品質なり環境なり、それぞれの目標が固定化されている傾向が多く見られることでしょうか。品質マネジメントシステムでいえば、不良発生率低減やコストダウンなどが典型的な例として挙げられます。

また、環境マネジメントシステムでは、紙、ごみ、電気などに代表される廃棄物やエネルギーの削減にとどまっている傾向がいまだに見られます。

3番目はＩＳＯマネジメントシステムの取り組みにおける姿勢です。顧客が要求しているから、あるいは入札で有利になるからというような理由で認証取得しているようで、第三者認証審査に合格すれば良いという風潮が見られることです。

そのような取り組み状況では、顧客満足はおろか、企業の競争力強化や持続的成長にも期待することは難しいでしょう。

多くの経営者は、事業経営の成果を高めるためにＩＳＯマネジメントシステムをやってみようと考え、期待しているのですから、現場の作る目標と経営者が目指す成果とが異なった方向を向いていれば、経営者は失望せざるを得ません。

いわゆる、部分最適になってしまっているのです。本来、経営の全体最適を目指すＩＳＯマネジメントシステムのフレームワークが、その目指す姿を実現する取り組みになっていないことは、誠に残念なことであると思います。

これまでにＩＳＯマネジメントシステムを巡る課題について述べてきましたが、当然の帰結として、経営者はＩＳＯマネジメントシステムが企業価値向上にどのように貢献しているのか、疑問の眼差しを向けるようになってしまいます。

具体的にいえば、企業経営の利益にどのような役割を果たしているのか、そのメカニズムを「見える化」したい気持ちになるはずです。

ある企業では、「ＩＳＯマネジメントが本当に価値向上につながっているのかを見直す必要がある」との議論が社内で出始めたとうかがったことがあります。

そのため、同社のＩＳＯマネジメントシステムに関わる部署では、経営に資するＩＳＯマネジメントシステムにするには、企業価値を高めるＫＰＩ（業績評価指標）の策定が不可欠であると考え、その策定ガイダンスの作成を目指したプロジェクトを発足させたほどでした。

そして、その基本理論にバランススコアカードなどの戦略目標設定ツールを取り入れた試みがありました。

バランススコアカードをどうISOマネジメントシステムへ取り込むか

（1）バランススコアカードについて振り返る

すでに触れたように、ISOマネジメントシステムは2015年版に改訂されてから、経営のフレームワークに近づきました。

経営のフレームワークとは、事業経営を進める手順と構造と言い換えても良いかもしれません。

たとえば、経営品質賞（ビジネスエクセレンスモデル）のフレームワークは、**図表3．3．3**のような流れになっていますし、ISOマネジメントシステムの2015年版は、ビジネスエクセレンスモデルのフレームワークとほぼ同じような流れになっています。

ISOマネジメントシステムの2015年版発行の折に、海外からセミナー講師で来られたIRCA（The International Register of Certificated Auditors：国際審査員登録機構）の

欧州品質賞の流れとＩＳＯマネジメントシステムは似ている

1. 経営トップはビジョンやミッションを明確にし、社員に伝達しているか？
2. それらを実現するための方向性や戦略を策定しているか？
3. それらを実行するために社員の育成やモチベーションを高めているか？
4. 経営や業務を進めるための経営資源やパートナーは確保しているか？
5. 市場や顧客の期待や要望を実現できる仕組みやプロセスがあるか？

↓

6. それらを実行して市場や顧客の満足を向上させているか？
7. それらを実現できる社員の育成や満足を高めているか？
8. リスク低減や価値増大につながる社会貢献や責任を果たしているか？
9. 上記経営活動を通じて、組織が目指す成果が実現できているか？

図表3.3.3　ビジネスエクセレンスモデルの流れの一例

方と、セミナー会場であった横浜のホテルでランチボックスを食べながら２人で会食をしたときに、２０１５年版の改訂の経緯について議論をしたことがありました。

そのとき、筆者はＩＳＯマネジメントシステムのハイレベルストラクチャーが、なぜ欧州品質賞（ＥＦＱＭ）などのようなビジネスエクセレンスモデルのフレームワークと類似してきたのか、その背景について質問をしたことがありました。バランススコアカードとの関連についても言及したことも覚えています。

ＩＳＯマネジメントシステムが事業経営のフレームワークに近づいたということは、もし銀行に行って事業資金の融資をお願いするときに、ISOマネジメントシステムのフレームワークに沿って事業計画を作り、銀行の融資担当者へ見せても、受け入れられるだろうと考えていますし、実際にビジネスエクセレンスモデルのフレームワークを使って事業計画を銀行へ持って行ったら、受け入れてもらえたという話もある企業経営者から聞いたことがありました。目標設定をバランススコアカードで作成した企業経営者もおられたと記憶しています。

バランススコアカードでは、トップマネジメントが持つ経営のビジョンを実現するための戦略目標を明確にして、その戦略目標を「見える化」した「財務の視点」で目標を設定し、さらにそれを実現する「顧客の視点」、顧客の視点の目標を実現する「プロセスの視点」、そしてそれらの目標を実現する「学習と成長の視点」での目標作りを、因果関係を考えながら順を追って作成していくものです。

ある会社が、ビジョンや戦略実現に沿った目標を設定しようという場合、おそらくその9割以上は「財務の視点」でしょう。説明を単純化するために売上を例に取ると、「売上を上げるためには、お客様に対して何をすればいいのか」ということになります。「売値が下がれば購入量を増やすことを検討する」とお客様からいわれたら、営業マンは「顧客の視点」に販売単価を下げる目標を入れることになります。

そして、それを実現するためには製造部門に原価削減を依頼することになりますから、製造部門は業務プロセスの変革や改善を通じて原価を下げる努力をすることになるでしょう。この目標は「プロセスの視点」に入れられるはずです。

その目標が実現できると販売単価が下がり、その結果、お客様への販売が増えるという因果関係が生まれてきます。

「4つの視点」において、きちんとした目標を設定し、それを実現すれば必ず戦略や事業目標を達成できるということをシステマティックに合理的に明確にするという意味で、バランススコアカードは目標をコミットするツールにもなるでしょう。

そして、顧客満足や業務プロセスを実現するために、従業員の満足度とかスキルアップをどう向上させるかという考えに至るはずです。

単純な事例説明で恐縮ですが、これがバランススコアカードの「4つの視点」の因果関係です。

この因果関係がきちんと作られていないために、「顧客の視点」や「プロセスの視点」の目標を達成したにもかかわらず、「財務の視点」の目標である売上が増えないというケースが出てきてしまいます。

むろん、適切な目標や指標の設定も不可欠であり、指標の設定が目指す姿と乖離《かいり》してくると、何のために毎日の業務活動をしているのかわからなくなってしまいます。

(2) ISOマネジメントシステムにバランススコアカードを取り入れた試み

話は20年前にさかのぼります。ISO9001が2000年に改訂されたときに、筆者は実際にバランススコアカードをISOマネジメントシステムに取り入れたことがありました。

基本的なアプローチとしては、

①バランススコアカードで戦略シナリオ(戦略マップ)と目標(スコアカード)の設定をする。
②ISOマネジメントシステムを利活用して、目標達成の仕組みを作る。
③上記の取り組みを、ビジネスエクセレンスモデルで評価をする。

ということでした。

ISO9000:2000の目指した方向性や狙いを思い起こしてみると、その1つ目に

「この規格の表題は変更され、もはや品質保証を含んではいない。このことは、この規格で規程された品質マネジメントシステム要求事項は、製品の品質保証に加えて、顧客満足向上をも目指そうとしていることを反映している」という「品質マネジメントシステム」へのステップアップであり、顧客満足の向上への志向でした。

2つ目は、「この規格は、JIS Q 9000（品質マネジメントシステム：基本および用語）及びJIS Q 9004（品質マネジメントシステム：パフォーマンス改善の指針）に記載されている品質マネジメントの原則を考慮に入れて作成した」という事実でした。

この改訂からISO9000：2000は、とりもなおさず、グローバルなビジネスエクセレンスモデルに近づくパフォーマンス改善の指針化、マネジメントシステムへのフレームワーク化、顧客満足向上への志向化、そしてビジネスエクセレンスモデルへの接近など、バランススコアカードとの整合性を窺わせる変遷が見え始めていたことがわかります。

2000年版改訂に伴い、筆者が勤務していた企業では、各事業部門の担当者から構成されたISOマネジメントシステム改訂対策チームを立ち上げていました。

その改訂対策チームが議論を重ねる中で、現場では2つの基本的な考えの転換を迫られていたと記憶しています。

その一つは「ミクロ思考」から「マクロ思考」への転換でした。それまでのＩＳＯ９０００シリーズの条項では、どちらかというと品質保証という部分最適、すなわちミクロな視点での理解と運用でもよかったのですが、２０００年の改訂版ではそれだけでは十分とはいえず、品質マネジメントシステムという全体最適な、マクロな経営視点に立った取り組みと展開へと考えを転換する必要が出てくるはずだということでした。

もう一つは、従来のＩＳＯ９０００シリーズの構築展開を担当していた主な部門が品質保証や品質管理であるならば、２０００年改訂版ではトップマネジメント直轄の経営戦略や企画、あるいは経営品質関連の部門に委ねられる必要性があるのではないかということでした。

これは、いわゆる総合的品質経営、ＴＱＭ（総合的品質管理）やビジネスエクセレンスモデルなどへのリンケージが強まってきたということでした。どちらの部門が担当したほうが良いかは、それぞれの組織が判断すべきことではありますが、経営戦略の重要な目標である顧客満足度の最大化のために、組織的、体系的な経営システムの開発と改革が必要になってくるとすれば、ＩＳＯ９００１のマネジメントシステムを戦略実現の仕組み作りの中に位置づけていくことも、重要な成功要因となるはずと考えたわけです。

そのような切り口で品質マネジメントシステムを再思考していくと、戦略実現を支援する

〈5.4.1 品質目標〉（注記：ISO9001：2000の要求事項による項番）

①各部門長は、組織全体に品質方針を効果的に展開するために、バランススコアカードを用いて品質目標を策定し、その達成度をマネジメントレビューで確認する。

②品質目標は、品質方針に整合し、それぞれの階層で設定され、製品やサービスの要求事項を満たすために必要なものがあれば含め、達成度が判定可能であるものとする。

図表3.3.4 品質目標にバランススコアカードを取り込んだ文書例

バランススコアカードとの関係が、よりわかりやすく見えてくる思いがします。

参考までに、当時の改訂対策チームが作成したマニュアルの「品質目標にバランススコアカードを取り込んだ文書例」を上に示します（図表3．3．4）。

（3）ISOマネジメントシステムの2015年改訂版で利活用できる「方針&目標展開シート」

繰り返すようですが、結論をいうと、ISOマネジメントシステムの構築と維持管理にバランススコアカードを活用することは効果的です。

前述したように、ビジネスエクセレンスモデル（経営品質賞のフレームワーク）に大きく近づき、組織のトップはリーダーシップと責任を持って経営のビジョンや目標を実現する方向や仕組みを明確にし、それを達成するために必要な経営資源（人、モノ、金、情報など）を配分しながら顧客要求を満たす製品の生産やサービスの実現と提供ができる仕組みを作り、それらの結果が顧客要求に対して良かったのか悪かったのかを顧客の視点から測定して、継続的改善を行っていくことが求められています。

以上の流れは、

①経営者による戦略目標の明確化（品質を軸にした方針や財務のＫＰＩによって表される）
②経営資源のマネジメント（目に見える資源だけでなく、戦略目標達成を可能にする組織や人材の学習と成長も含むＫＰＩによって表される）
③製品やサービスの実現の確実化（外部から提供されるプロセス、製品、サービスの管理を示すＫＰＩによって表される）
④顧客満足の向上（顧客の視点から見た満足度や評価を示すＫＰＩによって表される）

という４つの項目にまとめられます。

すなわち、上記のモデルをバランススコアカードの４つの視点と関係づけて述べれば、資源と運用管理が「学習と成長の視点」、ビジネスプロセスとしての製品実現が「業務プロセスの視点」、顧客満足度測定分析改善が「顧客の視点」、そしてそれぞれの視点の目標を達成すると「財務の視点」、すなわち経営者の責任である戦略目標の達成につながってきます。

これらの考えをISO9001：2015のフレームワークへ継承することは可能であり、その導入への一つの様式を「方針及び目標展開シート」（**図表3．3．5**）と名づけて組織で利活用されることを推奨しています。

「方針及び目標展開シート」は、使う組織の目的や考えで様式や構成内容を使い勝手の良い方法に変えていただいて良いのですが、**図表3．3．5**の事例では、

①まずは利害関係者のニーズと期待を明らかにし、
②併せてリスクと機会をSWOT分析のフレームワークで明確化し、
③それらの情報を理解・共有したうえで、組織や部門の目指す姿や方針の視点を決め、
④それらの実現に向けて、企業価値や財務の視点、顧客や社会の視点、業務改善や価値創造の視点、個人や組織の能力向上の視点で目標、指標、計画を適宜決めていく。

<table>
<tr><td>文書名</td><td colspan="4">方針及び目標展開シート</td></tr>
<tr><td>部門名</td><td colspan="2"></td><td>作成日</td><td></td></tr>
<tr><td>作成者</td><td colspan="2"></td><td>承認者</td><td></td></tr>
<tr><td rowspan="5">利害関係者のニーズと期待</td><td>社会</td><td colspan="3"></td></tr>
<tr><td>顧客</td><td colspan="3"></td></tr>
<tr><td>従業員</td><td colspan="3"></td></tr>
<tr><td>取引先</td><td colspan="3"></td></tr>
<tr><td>株主</td><td colspan="3"></td></tr>
<tr><td rowspan="2">組織の課題
リスクと機会
SWOT分析</td><td colspan="2">【強み(内部の機会)】</td><td colspan="2">【機会(外部の機会)】</td></tr>
<tr><td colspan="2">【弱み(内部のリスク)】</td><td colspan="2">【脅威(外部のリスク)】</td></tr>
<tr><td>目指す姿
組織の方針</td><td colspan="4">目標(3W1H):
・達成目標:
・指標/KPI:
・実施計画:</td></tr>
<tr><td>企業価値および財務の視点</td><td colspan="4">目標(3W1H):
・達成目標:
・指標/KPI:
・実施計画:</td></tr>
<tr><td>顧客および社会の視点(社内顧客や次工程を含む)</td><td colspan="4">目標(3W1H):
・達成目標:
・指標/KPI:
・実施計画:</td></tr>
<tr><td>業務改善や価値創造の視点</td><td colspan="4">目標(3W1H):
・達成目標:
・指標/KPI:
・実施計画:</td></tr>
<tr><td>個人や組織の能力向上の視点</td><td colspan="4">目標(3W1H):
・達成目標:
・指標/KPI:
・実施計画:</td></tr>
</table>

図表3.3.5　方針及び目標展開シートの様式例

というような、5つの視点で戦略シナリオと重点目標を策定することができます。
これを、ISOマネジメントシステムの要求事項の項番と整合させてみると、

・利害関係者のニーズと期待 → 4.2項
・リスク及び機会をSWOT分析 → 6.1項
・目指す姿（リーダーシップ） → 5.1項
・組織の方針 → 5.2項
・目標の設定（各視点） → 6.2項
・個人や組織の能力向上の視点 → 7項
・業務改善や価値創造の視点 → 8項
・顧客および社会の視点 → 9項
・企業価値および財務の視点 → 9項、10項

となるのではないでしょうか。

これまでに多くの部門で目標や教育訓練、それに顧客満足度などを拝見していると、前述したような因果関係が希薄なためか、設定した改善目標や人材育成計画が目指す姿や方針と整合していないケースが散見されています。

それらの視点間の因果関係が希薄な目標を日常業務の中で一生懸命に達成しようとしても、結果的には目指す経営目標の達成につながらないことになれば部分最適となり、担当する方々は、何のために仕事をしているのか、虚しさを感じるばかりでしょう。

そして、目標管理が経営の役に立たないということにもなり、経営者のリーダーシップも疑われることになってしまいます。

さらに、指標の選び方も大切です。顧客の視点の目標に「顧客訪問回数」などをいまだに入れている部門が見られることは、驚きとともに失望さえ感じてしまいます。

ISOマネジメントシステムにバランススコアカードを入れ込みますと、経営の仕組みとの整合性が高まり、全体最適な視点で経営管理が行えるようになります。

その取り組みは、経営者と管理責任者との目指す方向を一致させる効果もあるに違いありません。

経営品質（ビジネスエクセレンスモデル）から何を学ぶか

（1）技術システム（ISOマネジメントシステム）と社会システム（経営品質）

20年ほど前の話ですが、日本経営品質賞のセミナーに頻繁に参加していた時期がありました。アサヒビールや富士ゼロックス、それにリコーなど、日本を代表する企業が日本経営品質賞の受賞に沸いていた頃のことで、それらのセミナーは、筆者の業務にも大変参考になりました。

といいますのも、ちょうどその頃、筆者が勤務していた企業でオランダに本拠を置くフィリップス社では、BESTプログラム（Business Excellence for Speed and Teamwork）という、いわゆるTQM（総合的品質管理）の全社的展開が行われていました。そのプログラムでは、ビジネスエクセレンスモデル（経営品質賞のフレームワーク）に欧州品質賞（EFQM）を採用していたことはすでに触れました。

当時、オランダ本社から送られてくるEFQMの説明資料は英文であったために、書かれている説明の意味はわかるのですが、なかなか真意が掴めず、ＥＦＱＭの概念が腹落ちしなかったという問題に直面していました。各事業部から構成された推進チームのメンバーとともにＥＦＱＭの理解に悪戦苦闘しながらも社内展開の方法を模索していたときに、日本経営品質賞がビジネスエクセレンスモデルとして登場しました。ＥＦＱＭの導入に取り組んでいた筆者ら推進チームには、日本経営品質賞はビジネスエクセレンスモデルを日本語で学べる教材として、また導入事例のベンチマーキング情報源として、恰好の学習機会を提供してくれました。

日本経営品質賞の説明資料を読み進んでいくうちに、並行して導入していたＩＳＯマネジメントシステムとは違って経営の事業モデルとぴったり整合するため、大変面白く勉強させてもらったことを、今でもよく覚えています。同時に、数々の名だたる企業の方々とも交流でき、筆者のキャリア形成にも大いに役立ったターニングポイントでもありました。

それら一連のセミナーの中で、最も印象に残っている言葉があります。それは、「経営品質は社会システムの世界であり、一方、ＩＳＯマネジメントシステムは技術システムの世界ではないか」というセミナー講師の見解でした。

記憶に間違いがなければ、その講師が伝えたかった真意は、

・技術システムの世界では、すぐに「その基準は？」と問うけれども、経営品質の世界では、必ずしも測定できるようなことばかりではない。
・なぜならば、経営品質を高める重要な主要因は人々や組織、市場や顧客に関わるものであり、それらは常に変動する要因をはらんでいるし、言葉一つで人々のパフォーマンスが急激に高まることだってありうる。

といったことではなかったかと思っています。

あえて飛躍を覚悟して筆者の考えを述べますと、経営品質という社会システムの世界の一部に、技術システムが包含されているようなイメージでしょうか。技術システムは、プロセスを重視して再現や改善ができることを狙っている一方で、社会システムは常に揺れ動く市場や顧客の要望やニーズに対して組織や人々が提供する価値の創造を重視するものといえるかもしれません。

もちろん、その中で技術システムも大切な役割を果たしていることはいうまでもありませんが、ＩＳＯマネジメントシステムが２０１５年版に改訂されてビジネスエクセレンスモデルのフレームワークに近づき、両者のフレームワークが類似してきたとはいえ、実際の運用状況を見てみると、両者は別物となっている事例が多いといっても良いかもしれません。

(2) 経営者は社会システム志向、管理責任者は技術システム志向

以前のＩＳＯマネジメントシステム（ＩＳＯ９００１）のフレームワークや目指す目的が現在の２０１５年版とは大きく違っていたということもありましたが、正直にいって、筆者は当時のＩＳＯマネジメントシステムは好きではありませんでした。審査の結果を見ても、改善の取り組みをしても本当に経営に役に立つのかなと思われるようなことが多かったからでした。いわゆる、適合品質審査の性格が強かったためかもしれません。これまでにお会いした経営者の中からも、同じような印象をうかがったことが何度かありました。

ＩＳＯマネジメントシステムの多くの審査員から、品質マネジメントシステム（ＩＳＯ９００１：２０１５）認証取得企業の実践状況をお聞きしてみると、確かに利害関係者の期待やニーズ、それにリスクや機会を明らかにしている事例が多く見られるようですが、それらの情報は自組織内の方針や目標に反映されているにせよ、プロセス改善につながっていることに留まっているように思えます。

一方、経営品質賞のフレームワークでは、それら同じ情報が経営戦略へとつながっている

ことに注目すべきでしょう。そして、その戦略の実現と実行をする中で、オペレーションやプロセスを卓越化したレベルへと高めて経営のイノベーションを起こしていくわけで、どちらかというと技術システムはプロセスアプローチで内向き志向、ビジネスエクセレンスモデルのフレームワークは経営の視点での方向性と視野で構築されていると思えます。

余談ですが、筆者は「ISO経営」という用語をよく使います。誤解を恐れずにあらためてISO経営の定義をさせてもらうならば、「ISOマネジメントシステムのフレームワークという『仏』を作って運用のPDCAを回すことに使いながら、そこに入れるべき『魂』はビジネスエクセレンスモデルで統括していくもの」といっても良いのかなと思います。そう考えてみると、社会システムは経営の視点、技術システムは管理者の視点という構図が見えてくるわけで、そこに経営者がISOマネジメントシステムに寄せる関心を高める要諦があるように思えてきます。

(3) 5つの視点の因果関係で考える日本経営品質賞

さて、本項では日本経営品質賞を俯瞰しながらISOマネジメントシステム導入における着目点を、5つの視点の因果関係（図表3．3．6）で導く全体最適経営の切り口で考えな

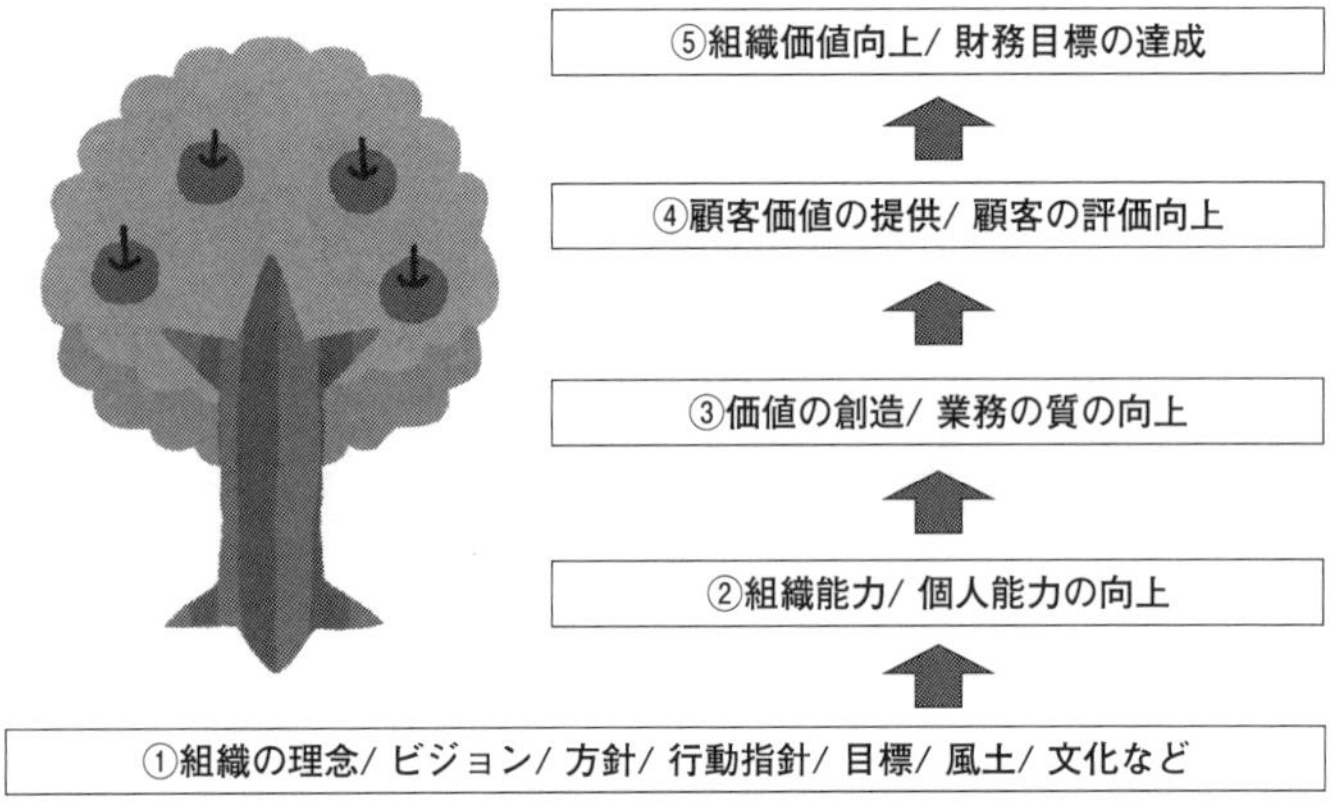

図表3.3.6　5つの視点の因果関係

がら筆を進めていくことにします。

ちなみに、『2021年度版日本経営品質賞アセスメント基準書』から、「カテゴリー・サブカテゴリー一覧」（**図表3．3．7**）、「フレームワークと方法・結果・振り返りの対応関係」（**図表3．3．8**）、「組織プロフィールの構造」（**図表3．3．9**）を以下に引用させていただいたので、読者の皆さんをはじめ、より多くの方々に日本経営品質賞をご理解いただき、今後のご発展に寄与できれば幸いです。

①組織の理念／ビジョン／方針／行動指針／目標／風土／文化などの視点の着目点

経営品質では、組織が継続的な経営革新（イノベーション）に取り組み、「卓越した経営」を目指しています。とくに重視するのが独自性です。「抜

○組織プロフィール

○カテゴリー及びサブカテゴリー

1. リーダーシップ	1. 1 リーダーシップ・プロセス
2. 社会的責任	2. 1 社会的責任に関する取り組み
3. 戦略計画	3. 1 戦略の策定プロセス
	3. 2 戦略の展開プロセス
4. 組織能力	4. 1 組織の能力向上
	4. 2 個人の能力向上
5. 顧客・市場の理解	5. 1 顧客・市場理解のプロセス
	5. 2 顧客の声への対応
6. 価値創造プロセス	6. 1 主要な価値創造プロセス
	6. 2 支援プロセス
7. 活動結果	7. 1 リーダーシップと社会的責任の結果
	7. 2 組織能力の結果
	7. 3 顧客・市場への価値創造プロセスの結果
	7. 4 事業成果
8. 振り返りと学習	8. 1 振り返りと学習のプロセス

図表3.3.7 日本経営品質賞2021年度版 カテゴリー・サブカテゴリー

きん出る」ことで他を圧倒し際立っている組織作りを目指します。とくに重視するのが独自性で、他に類を見ないような考え方ややり方を創り出す。その中で、技術システムが貢献すべきことは何なのかを議論することが必要です。

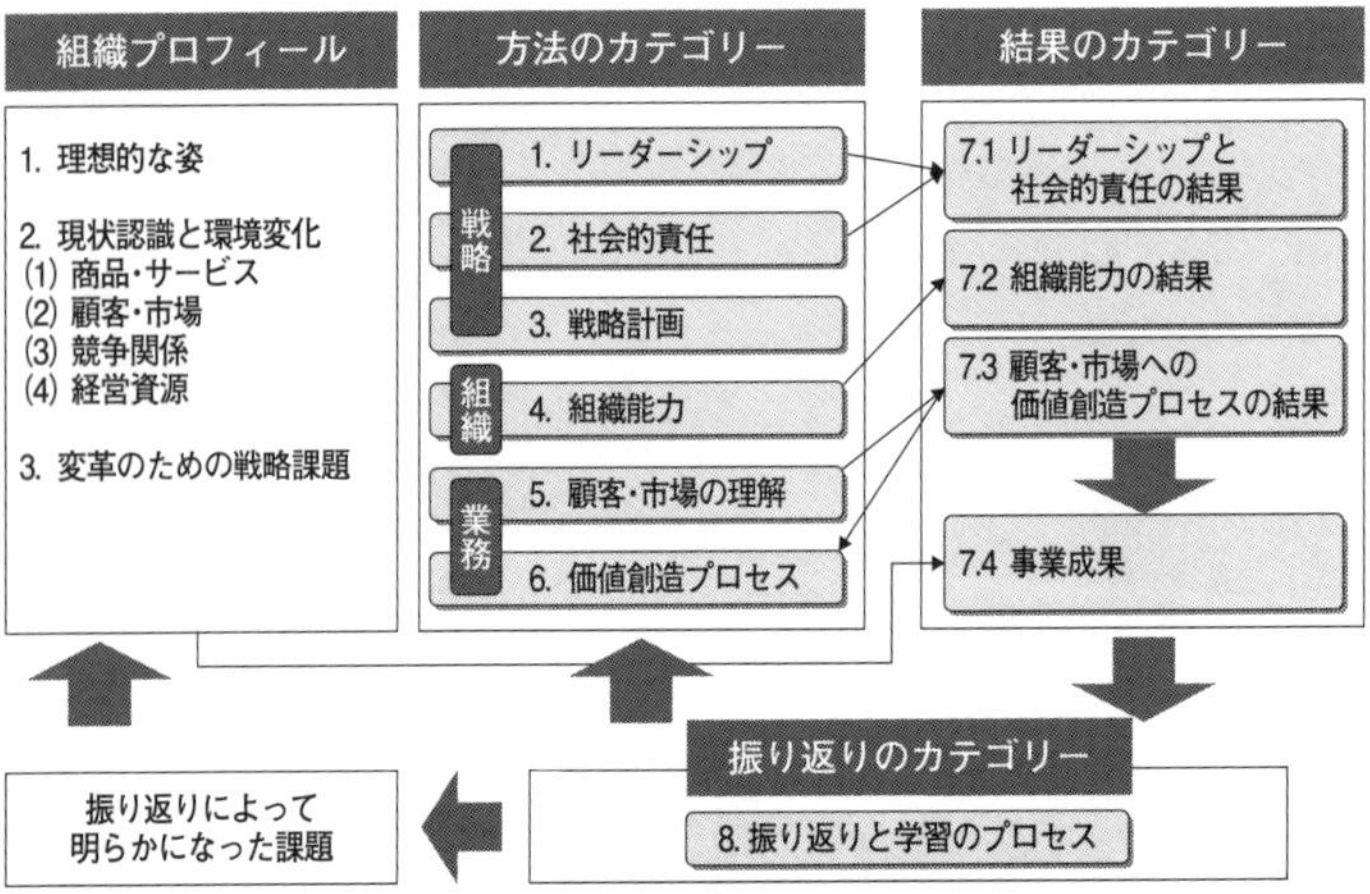

図表3.3.8　日本経営品質賞のフレームワークと
方法・結果・振り返りの対応関係

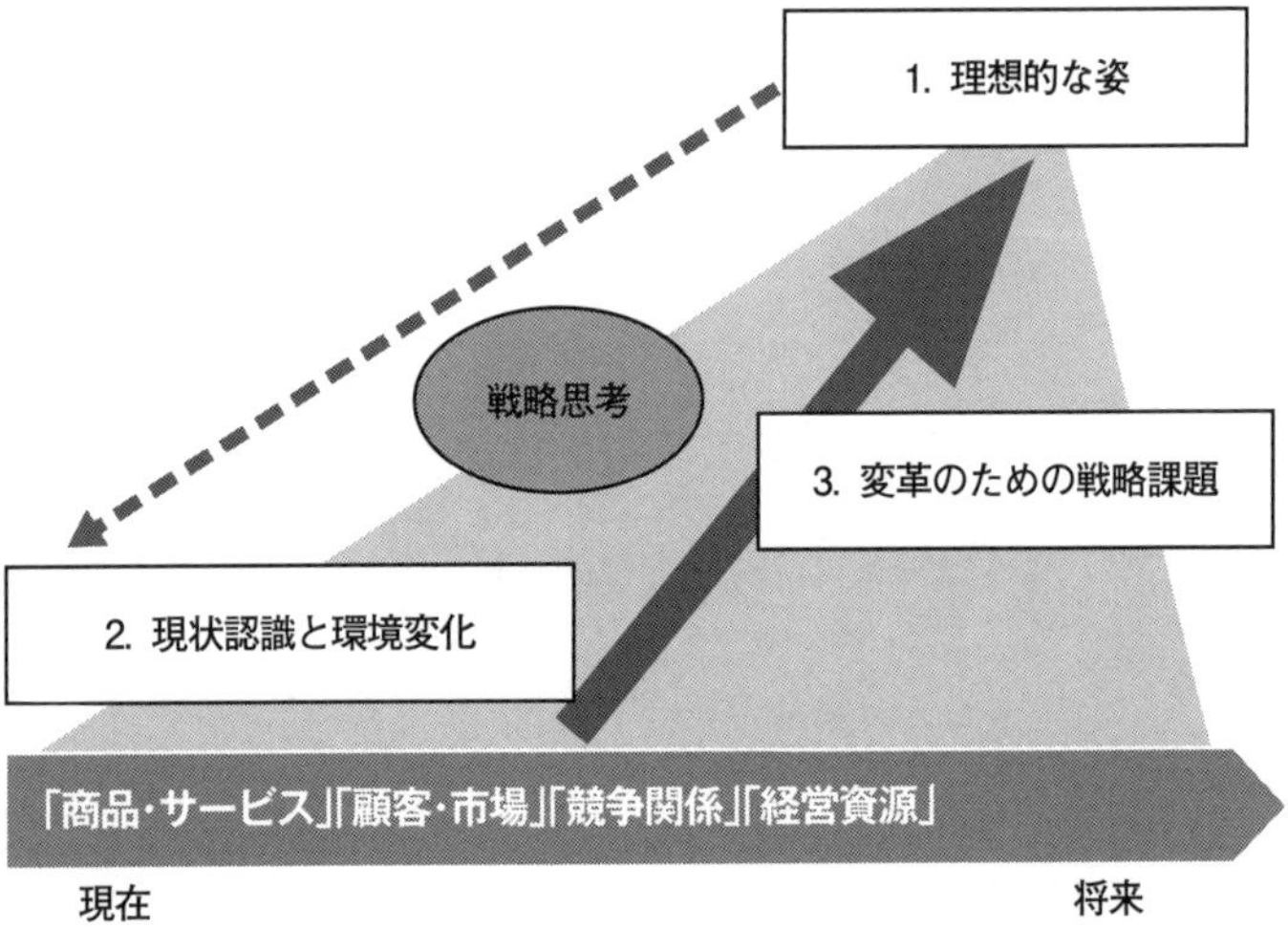

図表3.3.9　日本経営品質賞の組織プロフィールの構造

そして、戦略の構築も大切な取り組みです。製品やサービス、ビジネスの形態を内向きな発想で考えると独自性と卓越性は発揮できず、競争力は生まれません。そこで戦略が必要となるのですが、単に戦略の手法を使うのではなく、組織にとって何が重要で、なぜ必要なのかを戦略的に考えることを推奨しています。

②組織能力／個人能力の視点

経営品質では社員重視を標榜しています。社員一人ひとりを大切にし、社員のやる気と能力を引き出すことが重要で、社員は組織において最も大切な経営資源と位置づけています。なぜなら、顧客価値を創造するためには、社員一人ひとりが顧客の視点に立って仕事を行い、チーム力を発揮することが必要だからです。風通しの良い組織風土、社員の成長への学習機会を作り、社員同士の対話による組織の新たな知恵の創造などを大切にしています。

③顧客価値創造／業務の質の視点

顧客価値を高めるため、他組織との異なる競争軸、独創的な価値提供、長期的な全体最適の経営の重視が大切で、単なる手法の模倣ではなく、経営品質の向上への独自能力形成が望まれています。プロセスは業務プロセスのみならず、創発のためのプロセスでイノベーションを実現していきます。言い換えると、顧客価値の創造や提供に結びついたプロセスが重要となります。

④顧客価値の提供／顧客の評価の視点

組織の目的が顧客価値の創造であれば、価値の基準を顧客からの評価に置くことは当然です。顧客から見た価値を重視し、すべての活動が顧客へ価値を創造し、提供することにつながっているかを評価し評価されます。売上や利益は顧客への価値提供の結果です。

顧客価値創造と提供と同様に、社会的評価も組織は社会を構成する一員であるという考え方で社会から信頼されなければなりません。組織目的の達成が社会全体の利益にもつながるように考えていくべきでしょう。

⑤組織価値／財務成果の指標

判断の基準には事実前提と価値前提とがあります。前者は「事実がこうだから、どうするか」と考え、後者は「この価値を重視するから、こうする」と考えます。目指す価値の優先順位を決めて組織が一丸となって取り組む姿が目に浮かびます。

経営品質の目標に対する結果は、

・社員からの評価結果：組織活動を通じて得られた社員からの評価結果

・顧客・市場からの評価結果：事業活動を通じて得られた顧客・市場からの評価結果
・財務の結果：組織活動、事業活動を通じて得られた財務の結果
・その他の結果：組織プロフィールの「理想的な姿」、「変革のための戦略課題」で示された達成目標で上記の3項目以外の結果

などがありますが、いずれも改善傾向と目標達成状況がわかるように整理することが望まれています。

（4）経営に資するISOマネジメントシステムへのヒントは経営品質にあり

以上、5つの視点の因果関係ごとに経営品質が標榜する着眼点を列記しましたが、ISOマネジメントシステムの運用や審査に関わっておられる読者の皆さんはどのような印象を持たれたでしょうか。ISO9004もビジネスエクセレンスモデルとつながるコンセプトを持っていると思いますが、やはり技術システムと社会システムの観点から見てみると、少し違いがあるかなとも思われます。

それは、単にISO9001の要求項目名と経営品質の審査基準の項目名が類似している

から と安易に比較して、理解できる次元のものではないように思われます。繰り返すようですが、そこに、なぜ経営者はＩＳＯマネジメントシステムに関心が薄いのか、真に経営に資するＩＳＯマネジメントシステムになっているのか、といった命題を解くヒントがあるように感じます。いずれにしても、ＩＳＯマネジメントシステムとビジネスエクセレンスモデル（経営品質）とが相互に補完し合う姿と成果の有効性は、もっと多くの方々に研究されても良いテーマでもあると考えていますが、いかがでしょうか。

技術システムと社会システムの融合と事例紹介

（1）全体最適経営における社会システムと技術システムの位置づけ

技術システムは、エンジニアリングと言い換えても良いかもしれません。設計図や仕様書に従って、一つひとつ物事を順序だてて積み上げていくと、目指す成果に到達するという印象でしょうか。

余談になりますが、筆者が好きな歴史小説で幕末を舞台にした司馬遼太郎さんの『花神《かしん》』

（新潮文庫）があります。花神とは花咲じじいのことだそうで、その上巻に主人公の村田蔵六（のちの大村益次郎）が宇和島藩主の伊達宗城の命を受けて、蒸気船を造り、試運転をするシーンが出てきます。

蒸気圧の計器が上がり気道を開くと、車輪が回転し始め、平素沈着な家老松根図書がはしゃぎ声をあげて「村田、進んでいるではないか」と叫ぶと、蔵六は「進むのは当たり前です。当たり前のところまで持っていくのが技術というものです」と、にべもなく答えるという場面です。

彼がいいたかったことは、技術とは、ある目的を達成するための計算のことで、それを堅牢に積み重ねてゆけば、船ならば船でこのように進む。進むということに驚いてもらっては困るのであって、もし進まなければはじめて驚嘆すべきものであり、そういうものが技術であるという話です。

経営品質協議会が２０１１年に発行した『経営品質向上プログラムアセスメントガイドブック』（生産性出版）によれば、社会システムについて、

・社会システムは、人間の要求を充足するために人間によって作り出されたシステム。

・その行動様式は自然に与えられたものではなく、自己の意思を持っている。
・企業、学校、病院、国家組織などは、人間固有のいろいろな目的の実現を目指して作られた社会システム。

と紹介しています。

同書は技術システムについても触れ、技術システムは、

・社会システムが目的を果たすための手段として作られた社会システムの下位システム。
・あらかじめ決められた成果を作るために設計され、決められたアウトプットのために規定し作り出されたもの。

と述べていました。

社会システムにはさまざまな要素があり、かつそれぞれが変化する複雑で複合的なシステムです。会社の各部門は相互に関係し合っていますし、全社、部門、個人なども相互作用に影響を与え合って状態を変化させています。多様性、複雑性、可変性など、経営の組織は複

雑性や複合性を持った社会システムといえるでしょう。

そのような社会システムでは、「全体と部分」、「ネットワーク性」、「開放性」、「複合性」があることに留意する必要があります。

「全体と部分」は、全体の結果はあらゆる部分の協働、調和の結果として得られるもので、部分を包むシステム全体を考えること、すなわち全体最適経営を意識することが大切と思われます。

「ネットワーク性」は、組織図に沿った指示命令→実行・管理という流れだけでは仕事は進まず、お互いが協力し認め合ったうえで、相乗効果を生み出す可能性を見出すべきであり、成熟した組織では、生き生きとして調和のとれたネットワークが形成されていることに注目すべきでしょう。

「開放性」は、社会に対して開放性を持つことで、組織と社会とは相互に関係し合い自己変革を続けていくものであり、実現すべき目的に照らして外部変化を内部に取り入れることで錯乱を防ぐシステムの組み込みが重要となります。

最後に「複合性」ですが、組織は複雑性や複合性を持つものですから、あまりに単純化することが本当に良いことなのかどうか、顧客価値を認識しながら熟慮する必要があるのでは

	技術システム	社会システム
特徴	少ない同種類の諸要素 弱いネットワーク性 僅少な諸要素の行動可能性 限定的で安定的な作用経過	多くの異なった諸要素 強いネットワーク性 諸要素の多くの異なった行動可能性 限定的で多くの不安定な作用経過
把握可能性	完全に分析可能 定量化可能な行動 予測可能 ＝分析的に説明可能 ＝確実性を実現可能	限定的に分析可能 限定的に定量化可能な行動 パターン認識可能 ＝総合的に理解可能 ＝不確実性を低減可能
モデルとアプローチ	手本：機械 システムの型：単純なシステム	手本：生命 システムの型：非常に複合したシステム
思考方法	因果分析的手法	全体（関係）的志向
問題解決方法	精密な定量的方法 アルゴリズム	不精密な定性的方法 発見的方法
影響可能性	設計可能	限定的に形成、制御可能

出所：経営品質協議会『2011 年度版経営品質向上プログラムアセスメントガイドブック』生産出版、2011 年、p.192.

図表3.3.10　技術システムと社会システムの比較

ないかという問題提起にもつながる要因と思われますが、いかがでしょうか。

前掲の『経営品質向上プログラムアセスメントガイドブック』に、技術システムと社会システムの比較が紹介されていますので、参考までに**図表3．3．10**に引用させていただきました。

(2) 日本経営品質賞を受賞した石坂産業の業態転換

すでに多くのメディアで報道されている企業なので、読者の皆さんの中にもご存じの方々が多くいらっしゃると思いますが、企業の詳細は同社のホームページに譲るとして、本稿のテーマである「5つの視点の因果関係で導く全体最適経営」の切り口で、再度考察してみることにします。

同社は、2020年度の日本経営品質賞の受賞企業です。日本生産性本部の経営品質協議会が公開しているホームページによれば、絶体絶命の経営危機をきっかけとした業態転換、環境教育を軸とした「見せる」経営によるブランドイメージの向上、同業者も顧客に取り込み、業界における独自のポジションを確立、インナーブランディング（企業理念やブランド価値を社内で共有すること）による組織風土の変革などの取り組みと成果が表彰理由として

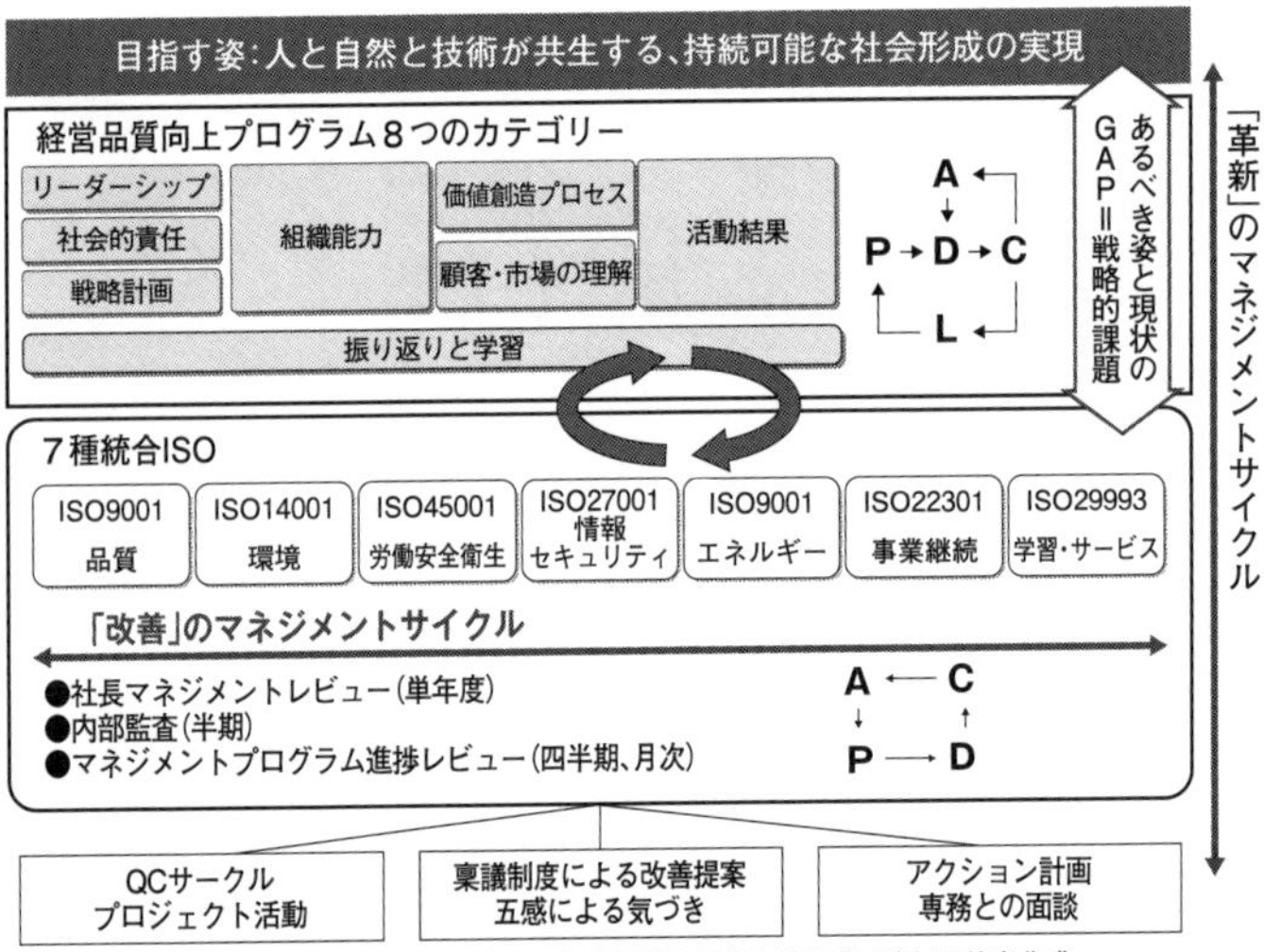

出所：石坂産業株式会社『2020年度経営品質報告書（要約版）』より筆者作成

図表3.3.11　石坂流ISO7種統合マネジメントシステムと経営品質向上プログラムの融合

挙げられていました。

　受賞後に発行された『２０２０年度経営品質報告書要約版』によると、同社は理想的な姿実現に向け、ＩＳＯの要求事項に基づく評価軸（いわゆる技術システム）と、経営品質向上プログラムの評価軸（いわゆる社会システム）の２つのフレームで振り返りを行っています。

　７種のＩＳＯマネジメントシステムを統合した業務プロセスの是正・改善の取り組みに、あるべき姿に対する組織の成熟度や成長レベルを評価する経営品質の視点を融合させたものにし、日々の取り組みの振り返りにおいては、ＰＤＣＡＬ（Plan-Do-Check-Act-Learn）の考え方をもとに振り返りを実施しているそうです（図表3．3．11）。

なかでも、教育プログラムの品質向上のため、ＩＳＯ２９９９０（現在ＩＳＯ２９９９３）の学習・サービスの国際規格を新たに取得していることや、「見せる経営」としてコーズ・リレーテッド・マーケティング（商品や製品、サービから得た売上の一部〈または全部〉を環境活動や奉仕活動の機関・団体に寄付することでイメージ向上や好意度形成を図ること）を展開し、来場者に同社の施設や取り組みを見せることで、先進的な取り組みに理解を促し、認知度を高め、口コミ効果で理念や価値に共感する顧客を創出し（ＣＳＶ：Creating Shared Value）、Ｂ２Ｂ（Business to Business）からＢ２Ｃ（Business to Customer）に売上や利益を向上させる戦略を取るなど、卓越した路線を歩んでいることは特筆されるべきことでしょう。

価値創造プロセスの視点からいえば、廃棄物処理の「縮減」事業から「資源化」事業に業態転換を図り、とくに不法投棄の中でも量が多く、同業者が資源化に手を出さない事業領域である土砂系建設廃棄物と建設発生土が混ざった建設副産物を資源化する分別分級の技術開発に専念。

土砂系を資源化する専門設備や機器メーカーは存在しないため、自社で複合的に設備機器

視点	目指す目的及び目標	達成状況を把握する方法及び指標
企業価値	・財務目標を達成する	・売上高（金額）、売上高利益率（%）
財務成果	・収益率を改善する	・自己資本比率・総資本利益率（%）
社会	・搬入事業者（顧客）の満足度を高める	・サービス全般に対する満足度調査（%）
市場	・「三富今昔村」（里山）への利用者を増やす	・利用者数（人）、リピーター率（%）
顧客	・ブランド認知度を高める機会を増やす	・パブリシティ数（件数）
	・体験型環境教育の参加者を増やす	・参加者数の推移（人数） ・社員アンケート（肯定%）
	・省エネ・エコ活動への取り組みを広げる	・生産販売の拡大（金額）
	・建設混合廃棄物土砂を盛土材として販売する	・コストダウンや経費節減（金額）
価値創造プロセス	・利益率改善へ原価や一般管理費を低減する	・コストダウンや経費節減（金額）
	・顧客を大切にしている行動を実践する	・社員アンケート（肯定%）
	・搬入台数や来場者数からのクレームを減らす	・クレーム比率（%）
	・同業者（顧客）からの搬入を増やす	・売上における同業者割合（金額、%）
	・プラント処理能力に対する稼働を増やす	・処理能力に対する搬入量割合（%）
	・減量化・再資源化を増やす	・減量化・再資源化率（%）
	・一人当たりの付加価値を高める	・一人当たりの付加価値（金額）

	・戦略実現につながる独自技術取得	・建設副産物資源化分別分級技術開発（PJ%）
	・ISO7種統合マネジメントシステムの運用	・ISOマネジメントシステム認証取得（件数）
	・住民や住宅メーカーの取引指定を増やす	・新規顧客数（件数）
	・搬入ドライバー視点のオペレーション改善	・改善数（件数）
	・おもてなしなどによる価格以上の魅力的価値	・顧客満足度（%）
組織・個人の能力	・自分が担当している仕事への誇りを高める	・社員アンケート（肯定%）
	・継続してこの会社で働きたい意欲を高める	・社員アンケート（肯定%）
	・改善活動の活性化	・稟議件数の推移（件数）
	・他の社員へのサポートの促進	・社員アンケート（肯定%）
	・働きがい改革による業務負担低減	・残業時間総合計の推移（時間）
経営の方向	・経営者のリーダーシップへの評価	・社員アンケート（肯定%）

出所：石坂産業株式会社『2020年度経営品質報告書（要約版）』より筆者作成

図表3.3.12　石坂産業の主な取り組み成果を5つの視点の因果関係で分類

を組み合わせトライ&エラーを繰り返し、独自の処理プラントを完成させ、この技術開発が、現在同業者の廃棄物を受入れることにつながっているなど、なかなか目のつけどころが素晴らしいですね。

アウターブランディングと並行して、社員が光り輝き個性が発揮できる職場作りにインナーブランディングの強化に取り組み、給与体系の仕組みを複線型人事制度に改正し、リーダーシップを発揮できる人材作りのための教育研修も多く実施していました。

これらは、組織や個人の能力の視点に関わる取り組みとも考えられ、ひいては事業計画に基づいたマネジメントと社員個人の力量と紐づけた目標管理制度の導入からもうかがわれます。

組織の能力向上では、知識・技能×心構え×考え方＝仕事力と定義しています。そこにもインナーブランディング展開に向けた組織風土の見直しや、社員の能力開発と人間力を高める研修もあるようで、ＱＣサークル活動、３Ｓ（整理、整頓、清掃）徹底強化などに加え、ＩＳＯマネジメントシステムの内部監査でも、相互監視型から内部監査員と被監査部門の創発をする「対話型」のスタイルに移行しているところは、注目したいところです。

以上に紹介してきたような活動の成果の一部を5つの視点の因果関係で分類し、まとめたものを**図表3．3．12**として作成してみました。

(3) 振り返りと学習のプロセス

マネジメントがＰＤＣＡを回すことと考えると、当然のことながら、振り返りが求められます。石坂産業においても、振り返りと学習のプロセスが報告されていました。
たとえば、基本的な考え方としては、

・測定指標が適切か、指標が正しいかという検証を含め次回に反映していくこと
・実態を理解し、課題を明確にし、有効かつ健全な対策を練る材料として活用すること
・対策を練るために知識を学ぶ（Learn）こと
・今後大きな外部環境変化があるか考えること

などがあります。
また、具体的な取り組みとしては、

①リーダーシップと社会的責任の結果

・目指す姿から導き出した戦略課題について、毎月の達成状況と四半期ごとの成果を対話による振り返りから指標の有効性、達成状況、目標や施策の妥当性の確認を行い、自律的なPDCAを実施。

②組織能力の結果

・組織能力に関わる取り組みは、人財開発室の研修体系マップのもと、事業計画に基づいた部署ごとのマネジメントプログラムと社員一人ひとりの力量を紐づけた目標管理制度の対話による振り返りを実施。

③顧客・市場への価値創造プロセスの結果

・顧客の声の収集結果から見出された課題や社会情勢・業界内の動きを踏まえて、毎月営業会議や部署長連絡会の場で振り返りを実施。また、環境負荷低減・土砂系の価値創造を担う再資源化商品の拡販が課題となっているための振り返りなど。

④事業成果

・セルフアセスメントと組織プロフィール分析からの戦略課題抽出を行い、さらに、マネジメントレビューで出された課題と統合し、年次の課題として振り返りを実施。

などが報告されており、ＩＳＯマネジメント（技術システム）と経営品質（社会的システム）の融合事例として、大いに参考になる取り組みと考えます。

全体最適経営を目指す桜美林学園の業務運用改善プロジェクト

桜美林学園は、これまでにもさまざまな改革を行ってきましたが、その一つに、2019年度に実施された業務量把握と改善への取り組みがありました。コンサルティング会社の協力を得て、①規程上の業務分掌をフレームワークとして、ヒアリングを通じて各部門の業務種類を把握、②専任、派遣、パート職員の各業務を時間で測定、③それらの業務時間をストラテジー（戦略）、マネジメント、オペレーションの3つの区分に分類し、④結果的にコア業務とノンコア業務とに区分したわけです。

その結果を**図表3．3．13**に示します。

桜美林学園の面白さは、前記のデータを民間上場企業と比較していることで、ストラテジー業務が10％ほど少なく、一方、オペレーション業務が10％ほど多かったそうです。また、正規専任職員のノンコア業務が多く、各部署によって偏りがあることが判明しました。その施策として、システム化によりノンコア業務の効率化を促進し、本来業務であるストラテ

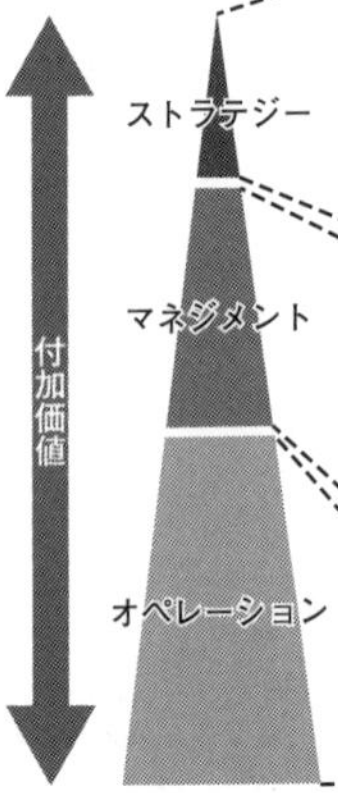

	定義		現状業務量	
ストラテジー	各種調査・分析を踏まえた方針策定、計画立案、企画作成など今後の事業展開を定める業務機能	定型	7270.6時間 (1.4%)	41,745.0時間 (8.0%)
		非定型	34474.4時間 (6.6%)	
マネジメント	オペレーション層のモニタリングを踏まえた統制を行う業務機能	定型	38229.3時間 (7.3%)	127,968.0時間 (24.4%)
		非定型	89738.7時間 (17.1%)	
オペレーション	顧客対応、事務処理などの業務遂行を担う業務機能	定型	161169.6時間 (30.7%)	355,067.4時間 (67.6%)
		非定型	193897.8時間 (36.9%)	

※上記はすべて1年あたりの業務量です。

出所：『大学時報』第71巻、403号、2022年

図表3.3.13　桜美林学園の業務量（正規専任職員）測定結果

ジー業務と学生対応に割く時間を増やす試みが開始されました。

ただ、経営の視点から見てみると、それらの改善目標には、取り組み方法や進捗状況を重視した部分最適な指標になっている傾向が散見され、設定したＫＰＩ（Key Performance Indicator：主要成果〈業績〉指標）が、どのように目指す成果（ＫＧＩ：Key Goal Indicator：重要目標達成指標）の達成に結び付けていくのか、今一歩進めて全体最適化が図れる取り組みも必要かと思われました。

そこで、ＩＳＯ９００１：２０１５のフレームワークを利活用した事務組織改革を２０２１年度から「業務運用改善プ

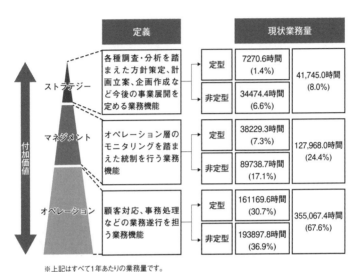

◆**発足の背景、目的、目指す成果**
◆**運営組織体制と役割**
◆ ISO マネジメントシステムを利活用する理由とフレームワーク
◆ 6 つの実施ステップ
1. 業務運用マニュアルの構築と顧客（顧客価値）の再定義
2. 業務の改善目標設定と達成への実践
3. 業務プロセスの見える化と効率化への検討
4. 電子版文書管理の再構築
5. 業務改善の PDCA サイクルと第三者認証取得準備
6. 第三者認証取得と定期・更新審査による継続的改善

◆**運営組織と役割**
・プロジェクトチーム：常務理事会直轄と位置づける
・常務理事意見交換会：本プロジェクトの定例報告が行われる
・経営者：理事長
・経営チーム：理事長、常務理事、法人本部長で構成
・管理責任者：法人本部長が担当
・ＭＳ事務局チーム：管理責任者を実務面で補佐する部長チーム
・推進チーム：対象部門から選出された中堅職員で構成

◆**対象部門**：人事部、総務部、情報システム部、経理部、施設管理部の 5 部門

◆ ISO9001：2015（品質マネジメントシステム）を利活用する理由
・学園経営の仕組みと業務運用マネジメントとが整合していること
・このフレームワークを「物差し」にして全体最適の体系化が図れること
・業務運用（品質）を改善する PDCA サイクルを回せる仕組みができること

図表3.3.14 事務部門業務運用改善プロジェクトのキックオフ・ミーティングでの説明

ロジェクト」として発足したという背景もありました。同プロジェクトのキックオフ・ミーティングは2021年7月上旬に開催され、そのときに職員と共有された説明資料の一部を、**図表3・3・14**に紹介します。

前述したように、桜美林学園はさまざまな改革を継続してきており、各種業務システムのデジタル化も進んでいる組織といえます。そのような意味でマネジメントシステムの多くはすでに構築されていたこともあり、加えて事務職員の業務運用レベルも高いことも寄与し、ISO9001:2015のフレームワークを構築していく作業は、順調に進められました。

その中で、最も注力したことが5つありました。それは、①各事務部門の利害関係者（とりわけ業務サービスの受け手である顧客）の定義、②目標管理における改善目標の設定と有効性の明確化、③力量管理における属人的業務低減と人財育成計画の立案、④業務プロセスの見える化と改善への検討、⑤自分たちの業務がうまくいっているかどうかを知るパフォーマンス評価と是正・予防への取り組みなど、PDCAを回す仕組み作りと意識作りでした。

キックオフ・ミーティングから1年後の6月30日と7月1日に、ISO9001:2015の第三者認証審査を受け、審査結果は良好でした。それは、とりもなおさず桜美林学園の法人本部5部門が、この1年間に進めてきた業務運用改善プロジェクト活動の一環で、合理的な経営や業務運用の仕組みが構築されたことを、第三者機関から認められたことを意味します。

ただ、どんなに良い仕組みを作っても、問題はその中身で、仏を作って魂を入れず、では意味がありません。経営や業務運用のプラットフォームができたので、そこにさまざまなテーマを入れ込んで、学園のスパイラルアップを進めていくことになります。自信と夢を持って働ける職場作りを目指して、職員で議論し、最適解を見つけ、実践していくことが期待されています。

余談になりますが、また私事で恐縮ですが、筆者は若い頃から禅寺の庭を見るのが好きで、中でも京都建仁寺の庭は何度見ても飽きることがありません。かつて祇園あたりは建仁寺の寺領だったそうですが、街中にあっても観光客が少なく静寂を保っています。

数百年にわたり引き継がれてきた禅寺の枯山水庭園には、ある種の普遍性が表現されているように思えます。筆者を飽きさせない理由には、そこに何か普遍性を感じるためでしょうか。ビジネスエクセレンス（経営品質賞のフレームワーク）やＩＳＯマネジメントシステム、それにバランススコアカードにしても、そこには5つの視点の因果関係という「普遍性」があると筆者は考えています。本稿でその普遍性について何かを感じていただけたなら、筆者にとって望外の喜びです。

第4章 講演録「全体最適経営に導くバランススコアカードとマネジメントシステムの利活用」

経営品質・ＩＳＯマネジメントシステム・バランススコアカードなどの経営ツールの利活用を企業に向けて支援している高橋マネジメント研究所が設立10周年を迎え、関係者への感謝を込めて9月4日に「設立10周年感謝セミナー」をオンラインで開催しました。

本稿は、『アイソス』（システム規格社刊、２０２１年12月号）に取材記事として掲載された講演録を、システム規格社のご厚意で転載させていただきました。

なお、これまでの説明と重複する内容も含まれていますが、本章は「まとめ」、あるいは「復習」としてお読みいただければ幸いです。

私と経営ツールとの関わり

私が研修のときによく持ち出す話題なのですが、人体を構成している物質を全部集めたとします。ですが、それらを混ぜ合わせても人間はできません。物質を集めるだけでは機能は発揮できないのです。

企業も同じように、いくら優秀な人がたくさん集まっても、集めるだけでは経営の成果は出ません。「人」「モノ」「金」「情報」などの経営資源を単に集めただけでは、真のマネジメントシステムはできないし、経営目的も実現できないのです。

では、どうすればいいのでしょうか。

筆者は独立するまでは、オランダに本社があるフィリップスという会社に勤めていたのですが、そこで本社が取り組んでいるISOマネジメントシステム、バランススコアカード、欧州品質賞、リスクマネジメントなどの経営ツールを日本支社に浸透させる仕事を45歳から担当していました。

ただ、ISOマネジメントシステムやバランススコアカードといっても、結局はツールですから、人がうまく使わないと経営効果は発揮できません。

この問題を考えるとき、私は会社の元上司である新《あたらし》将命《まさみ》さんから教わった「Tools do not make the surgeon（ツールは外科医を作らない）」という言葉をキーワードにしています。たとえば、手術のツールであるメスは、外科医がうまく使えば人の病気を治せるけれども、ツールそのものは外科医を作ることはできません。

私はフィリップスの日本支社に約30年勤めたのですが、その前半の15年間は集中購買（cooperative purchasing）を担当していました。当時はまだ設計開発を外したＩＳＯ９００２があった時代で、日本支社が事業部ごとに認証を取っていて、あまりにも非効率なので、私は全社一本に統合しましょうと会社に具申し、それが認められました。この活動が私の人生の転機になったと思います。

先ほど述べたように、私はＩＳＯマネジメントシステムをはじめ、バランススコアカード、欧州品質賞、リスクマネジメントなどに取り組んできましたが、これらは別々に取り組む必要はないのではないかと当時から考えていました。経営に資するマネジメントシステム、あるいはリスクを考慮したマネジメントシステムとして、１つに統合したモデルができないだろうかというのが私の研究テーマになり、その実証研究をいくつかの会社で実施させていただき、論文や書籍にもその研究内容を発表させていただきました。

個人的な印象ですが、ヨーロッパの会社というのはなかなかおもしろいもので、アメリカのハーバードやGE（General Electric Company）がやったことを取り入れて、それが日本に回ってくる。バランススコアカードも、アメリカ→欧州の企業→日本という流れでした。フィリップスは欧州品質賞をビジネスエクセレンスモデルとして導入したのですが、この賞の基準は英語で書いてあるのでわかりにくかったのです。

ですが、ちょうどその頃、日本生産性本部が「日本経営品質賞」を立ち上げ、NEC、アサヒビール、リコーといった企業が受賞しました。日本経営品質賞の内容は、欧州品質賞とよく似た内容だったので、ベンチマーキングとして助かりました。それが、これからお話しする国際的なフレームワークとの出合いだったと思います。

実は60歳を過ぎて独立し、いくつかの企業の経営管理の支援という仕事と、ISOマネジメントシステムの審査員の仕事で食べていこうと思っていたのですが、ありがたいことに桜美林大学大学院から教授の話をいただきました。

同大学院の経営学研究科の中に国際標準化研究領域が創設されたので、そこで私は最初の4年間は特任教授、2021年3月までの後の4年間を専任教授として務めました。

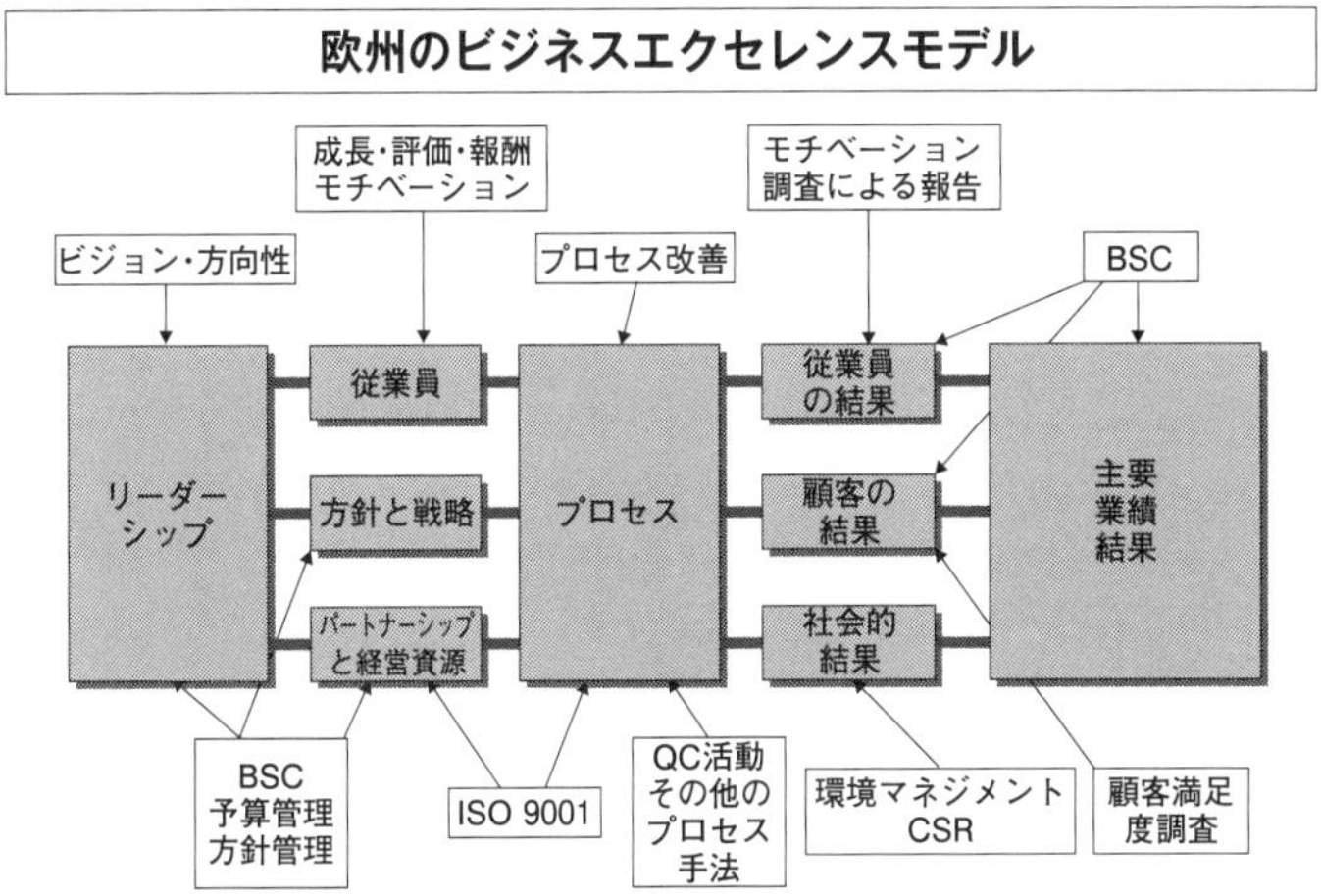

出所：EFQMのフレームワークより筆者作成

図表3.4.1　EFQMの9つのファクター（再掲）

国際標準としてのマネジメント・フレームワーク

ここからは国際標準としてのマネジメント・フレームワークについてお話をしていきたいと思います。皆さんにとっては釈迦に説法になりますが、国際標準には、「みんなが使うから国際標準になった」というデファクト・スタンダートと、「ISOのようなきちんとオーソライズされた機関が決めた」というデジュール・スタンダードの2つがあります。

ビジネスエクセレンスモデル（経営品質）、バランススコアカード、SWOT分析などはデファクト・スタンダードと呼んで良いと思いますし、デジュール・スタンダードとしては、ISOマネジメントシステムなどがあります。

では、順に紹介していきましょう。まず、欧州のビジネスエクセレンスモデルであるEFQMは経営の質を上げるために9つのファクターを挙げています（**図表3・4・1**）。真ん中のプロセスを含んだ左側が仕組み系、その右側が結果系です。経営品質賞というと大変なことをやっているように見えますが、たとえば、目標はバランススコアカードで作って、ISOマネジメントシステムでPDCAを回し、年に1回は経営品質の成熟度基準で経営が良くなっているかを見て成長につなげていくことだと思います。

バランススコアカードについては、2007年に『使える！　バランススコアカード』（PHPビジネス新書）を上梓し、また、2009年に『日経ビジネスマネジメント』（日経BPムック）に「失敗しない指標作り―戦略の空文化を防ぐ非財務指標の選び方」という記事を書いたことがありますが、このときは反響が大きくてたくさんのメールが来たのにはびっくりしました。最近は中国の医療関係組織でバランススコアカードが注目されていると聞きました。

図表3・4・2は、企画・製造・販売サービスのバランススコアカードのフレームワーク

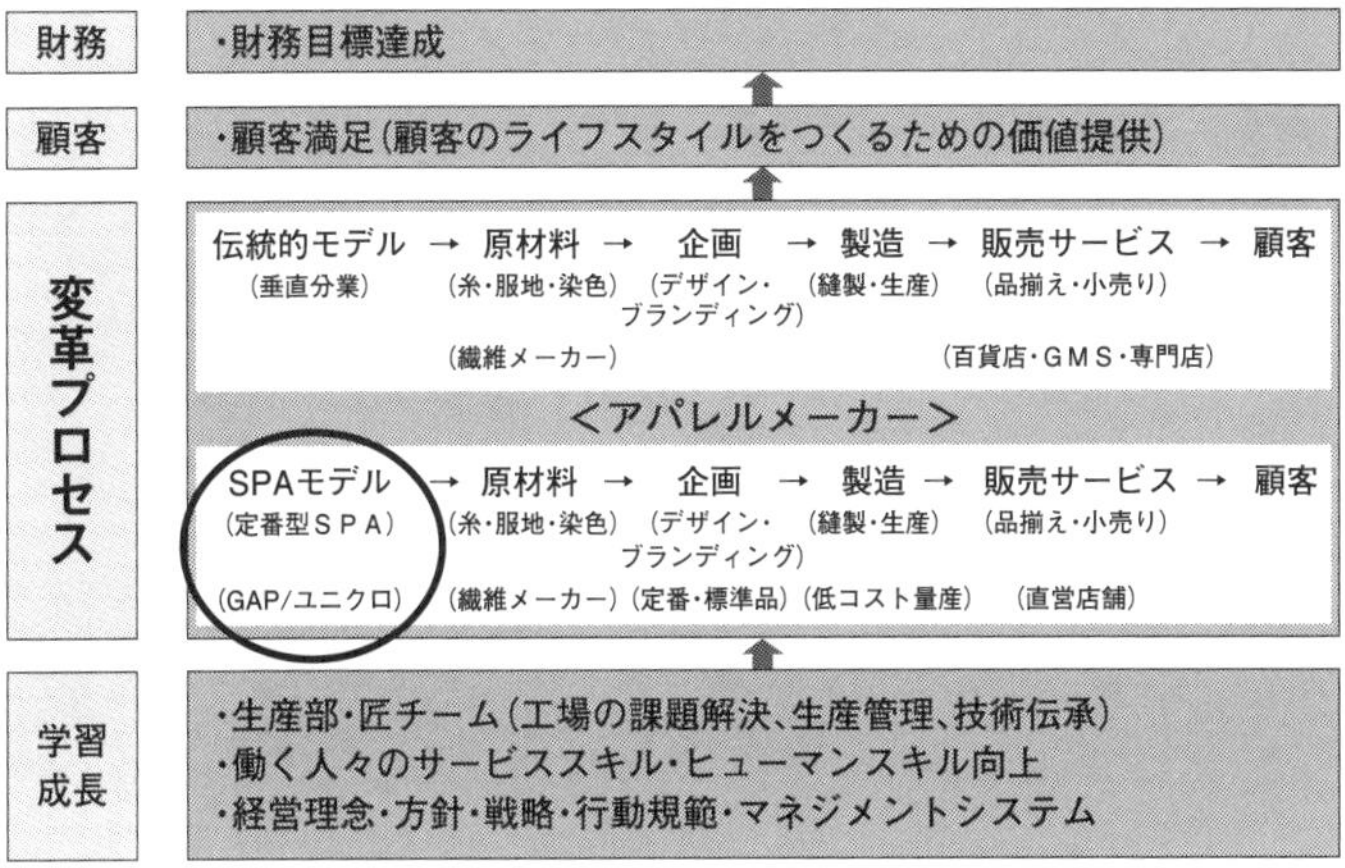

図表3.4.2　企画・製造・販売サービスを
バランススコアカードで考える（再掲）

です。真ん中にある「変革プロセス」というのがバリューチェーンになります。

　これをうまく運用するには学習・成長がベースになりますし、うまく運用できれば、顧客満足につながり、財務目標を達成できます。学習・成長と変革プロセスをきちんとやっていけば良い結果が生まれるという「因果関係」が見えると思います。

　このほか、病院、ビジネスホテル、宅急便、航空、スーパーマーケットなどの業種にバランススコアカードのフレームワークを適用して分析してきましたが、ここでは、Everyday Low Priceで有名なディスカウントスーパーマーケットの「オーケー」のフレームワークを紹介します（図表3．4．3）。

小売業（スーパーマーケット）	
財務	無借金経営、年率成長%、売上増収
顧客	顧客満足度1位、クラブ会員増大、顧客価値提供
小売業プロセス	・商品開発 ☞ バイヤーによる慎重な吟味、高品質で安い商品開発 ・仕入れ ☞ 徹底した商品の絞り込み（仕入値低減、交渉強化） ・生産・在庫 ☞ 商品品質を落とさない仕組みとマニュアル化、オネストカードによる在庫削減、コスト削減 ・店舗運営 ☞ 戦略商品管理（仮説と検証）、シンプル化、カート（100円玉管理で放置防止）、レジ袋有料化 ・集客・販売 ☞ 地域一の最安値、特売日なし、数量限定セールなし、オネストカードによる顧客の信頼獲得、ご意見板
学習成長	・理念・方針・戦略：☞高品質、Everyday Low Price 、超顧客重視 ・高品質・低価格商品開発や仕入交渉のできるバイヤー育成 ・地域競合店の最新価格情報収集とタイムリーな店舗価格修正

図表3.4.3　スーパーOKのバランススコアカード（再掲）

スーパーで重要なのは、バイヤーの目利きです。**図表3．4．3**の一番下にある「学習・成長」の「高品質低価格商品開発や仕入交渉ができるバイヤー育成」が、その上にある「小売業プロセス」の「バイヤーによる慎重な吟味、高品質で安い商品開発」につながっていきます。

同様に、「地域競合店の最新価格情報収集とタイムリーな店舗価格修正」が、「地域一の最安値」を含む「小売業プロセス」全体に付加価値を付けていきます。

こういった上下の因果関係が非常に明確に表されているビジネスモデルだと思います。大学の演習でこのような事例を使うと、企業経営についてよくわからない学生であっても、

「今、このスーパーでアルバイトをやっているのですが、店長がいっていたのは、こういう意味だったんだとわかりました」といった声を聞くことがあります。

ＩＳＯマネジメントシステムとバランススコアカード

ＩＳＯマネジメントシステムの審査に行き、経営でやるべきこととＩＳＯの要求事項が一致していない企業が見受けられたときは、このような図を使って説明させていただきます（図表３．４．４）。

企業を１つの木にたとえますと、倒れないようにするためには土台が必要です。土台には、組織の理念、ビジョン、方針、行動指針、目標、風土、文化などがあります。コンプライアンスもここに入ってくるでしょう。

この土台がしっかりできたら、それを成長させていくのは、組織能力や個人能力です。それをもとに価値の創造と業務の質の向上を図り、顧客価値を提供することで、顧客の評価が向上し、組織価値が向上し、財務目標の達成に至ります。

この流れについては、皆さん納得していただけます。であれば、ＩＳＯマネジメントシス

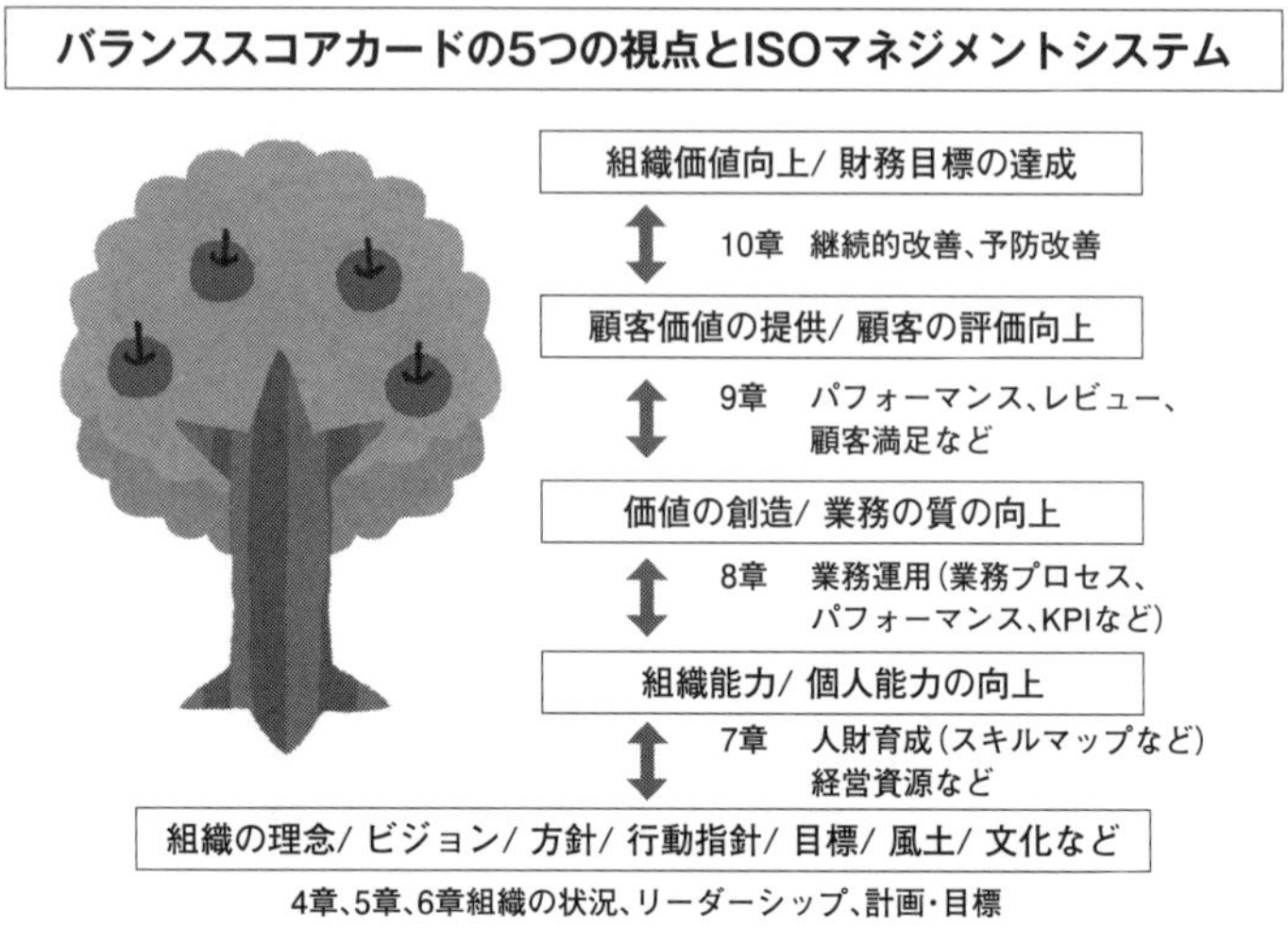

図表3.4.4　5つの視点の因果関係の一例（再掲）

テムの２０１５年版は、実はこれをもとにしてほとんど作られていると考えて良いと思います。

土台の部分は４章、５章、６章に相当します。それを踏まえて７章では経営資源を当て、人財育成を図ります。

８章で業務運用をマネジメントし、９章で顧客満足を得られたのかどうかなどのパフォーマンスをレビューし、10章で継続的改善を行い、サステナブル（持続可能）な成果を出していきます。

もし成果が出なかったら、第４章に戻って取り組み直す、つまり大きなＰＤＣＡを回していくわけです。

某研修会社の社長さんが、「経営の仕組み

ビジネスエクセレンスモデル（経営品質）のカテゴリー	ISOマネジメントシステムの共通テキスト（章だて）	バランススコアカードの視点
1. リーダーシップ	4. 組織の状況（内外） 5. リーダーシップ	・ビジョン、ミッション ・経営目標、財務、他
2. 方針と戦略	4. 組織の状況（戦略） 6. 計画・目標	・経営戦略 ・戦略マップ
3. 人財	7. 支援（人的）	・学習と成長（人的）
4. 経営資源とパートナー	7. 支援（サポート）	・業務プロセス ・学習と成長（組織）
5. プロセス	8. 運用（変革・改善） 10. 改善	・業務プロセス
6. 顧客関連結果	9. パフォーマンス評価	・顧客（社会）
7. 人財関連結果	7. 支援（人的） 9. パフォーマンス評価	・学習と成長（人的）
8. 社会関連結果	7. 支援（CSR・CSV） 9. パフォーマンス評価	・顧客（社会）
9. 事業関連成果	9. パフォーマンス評価 10. 改善（経営PDCA）	・財務、他 ・経営目標

図表3.4.5　経営品質、ISO、BSCの関連（再掲）

として、ISOマネジメントシステムには3つの要素が足りない」とおっしゃっています。1つ目はイノベーションをなかなか起こしにくい仕組みであること。2つ目は経営資源の中に人材は確かに入っていますが、本当の意味での戦略的人財育成には結び付いていないこと。3つ目は財務目標が入っていないことです。

私はISOマネジメントシステムの仕組みの中でも、これらの足りない部分を何とか補えそうな気がしますので、これは私のこれからの研究課題にしようと思っています。参考までに、経営品質とISOマネジメントシステム、バランススコアカードの関連を**図表3.4.5**にまとめましたので、ご覧ください。

また、リスク要因の抽出・特定から目的・目標の設定まで、リスクマネジメントを考慮した全体最適経営のモデルについても実践研究を通じて取り組んでいるところです。

最後に、亀田製菓のグループ会社の一つに「とよす」という米菓の製造販売会社があります。１００年近い老舗ブランドで、関西出身の方はおそらくご存じだと思います。私はこの会社の経営支援に携わったことがあって、同社におけるＩＳＯマネジメントシステムの利活用に関する論文を『桜美林経営研究　第９号』と『桜美林大学　ビジネス科学研究２０１８年度』に発表したことがあります。

ウェブで読むことができますので、ぜひご覧になってください。では、私の発表はこれで終わらせていただきます。ご清聴ありがとうございました。

〈参考文献〉

【第１部】

第１章

・コナンドイル（延原謙訳）『四つの署名』新潮文庫、新潮社

第２章

・高橋義郎「10分間で学ぶ経営管理」『日経情報ストラテジー』、２００６年1月号〜6月号連載

第３章

・業界動向ホームページ：https://gyokai-search.com/

・各社ホームページ（スーパーオーケー、マツダ、日産自動車、ファーストリテイリング、セブンイレブン、宝塚歌劇団、阪急電鉄、こうほうえん、日本航空、ヤマト運輸、ドコモ）

・西尾久美子「エンターテイメント事業の比較分析」『現代社会研究』京都女子大学現代社会学部、２０１３年

・日本経営品質賞委員会報道資料
https://member.jqac.com/contents/img/f_users/r_131517013img20141118104152.pdf

第４章

・日本医療バランスト・スコアカード研究学会編『日本医療バランスト・スコアカード導入のすべて』生産性出版、２００７年
・高橋淑郎「バランスト・スコアカードの現実と課題」NIS NEWS Vol.5
・会計検査研究 No.42、２０２０年９月
・経営品質アセッサーフォーラム編集部「医療は究極のサービス業」『ＪＱＡＡアセッサージャーナル』第15号、２００９年
・高橋義郎「戦略の空文化を防ぐ非財務指標の選び方」『日経ビジネスマネジメント』Spring, 2009. Vol.005
・社会福祉法人福井県済生会病院２０１２年度経営品質報告書［要約版］

【第２部】

第１章

・Niven, Paul R.（２００２）"Balanced Scorecard step by step : maximizing performance and maintaining

results", John Wiley & Sons, Inc.
・N．G．オルヴ・J．ロイ・M．ウエッター（吉川武男訳）『戦略的バランス・スコアカード』生産性出版、２０００年
・P．R．ニーブン（松原恭四郎訳）『ステップバイステップバランス・スコアカード経営』中央経済社、２００４年
・ハーバード・ビジネス・レビュー編集部編「バランス・スコアカードの導入インパクト」『世界の経営者が愛読するハーバード・ビジネス・レビューBEST10論文』ダイヤモンド社、２０１４年
・高橋義郎『使える！　バランススコアカード』PHPビジネス新書、PHP研究所、２００７年
・日本工業標準調査会ホームページ：http://www.jisc.go.jp/mss/qms-cir.html
・櫻井通晴『バランスト・スコアカード：理論とケース・スタディ』同文舘出版、２００３年
・グローバル・クオリティ・フォーラム『EFQM翻訳版』、１９９９年

【第3部】

第1章

・日本経済新聞「柳井氏、市場はシビア」２０１６年４月13日
・weblio辞書『実用日本語表現辞典』

・藤岡啓介企画・編纂『科学技術35万語大辞典和英編』株式会社アイビーシー
・カワシマノボルのホームページ「ノボ村長の開拓日誌、全体最適が一番」２０１４年
・平澤功「品質でもうけなさい」：http://www.omoshirogari.com/quality0402.htm
・藤井智比佐『図解入門ビジネスバランス・スコアカードがよ～くわかる本』秀和システム、２０１５年
・三菱総合研究所実践的リスクマネジメント研究会『リスクマネジメントの実践ガイド』日本規格協会、２０１０年
・「宮田秀明の経営の設計学：全体最適と局部最適、どちらが大切か」日経ビジネスオンライン：http://business.nikkeibp.co.jp/article/tech/20100519/214515/?rt=nocnt
・畑村洋太郎『失敗学のすすめ』講談社、２０１５年
・欧陽菲『基礎からわかる経営管理』産業能率大学出版部、２０１５年

第2章

・ピーター・ドラッカー（有賀裕子訳）『マネジメント務め、責任、実践Ⅲ』日経ＢＰ社、２００８年
・グローバルタスクフォース・山中英嗣監修『ビジネスバイブル　ドラッカー教授「現代の経営」入門』総合法令出版、２０１６年
・齋藤毅憲監修、大月博司・高橋正泰編集『21世紀経営学シリーズ４．経営組織』学文社、２００３年
・齋藤毅憲『21世紀経営学シリーズ１．経営学の構図』学文社、２００３年
・高橋義郎『使える！　バランススコアカード』ＰＨＰビジネス新書、ＰＨＰ研究所、２００７年

・櫻井通晴・伊藤和憲『バランスト・スコアカードによる戦略実行のプレミアム』東洋経済新報社、2009年
・吉川武男訳『バランス・スコアカード〔新薬版〕戦略経営への変革』生産性出版
・Harvard Business Review編（DIAMONDハーバード・ビジネス・レビュー編集部訳）『バリューチェーン・マネジメント』ダイヤモンド社、2001年
・今岡善次郎『企業収益を上げる仕掛け：サプライチェーンマネジメント』工業調査会、1998年
・H．ウィリアム・デトマー（内山春幸・中井洋子訳）『ゴールドラット博士の論理思考プロセス―TOCで最強の会社を創り出せ！』同友館
・中野幹久『サプライチェーンマネジメント論』中央経済社、2016年
・石原正博『会社が生まれ変わる「全体最適」マネジメント』日本経済新聞社、2016年
・飯塚悦功「マネジメントシステム規格の現状・課題・展望」『予防時報』227号、2006年
・社会経済生産性本部編『決定版日本経営品質賞とは何か』社会経済生産性本部、2007年
・日本規格協会『ISO31000リスクマネジメント―原則及び指針』2009年
・丸山満彦「リスク新時代のためのCIOの役割」デロイト トーマツ リスクサービス株式会社、2010年
・一般財団法人大阪府中小企業診断協会ISO研究会『小さな会社の社長必見！　経営ツールとしてのISO活用Q&A―ISOは会社をよくする処方箋』同友館

第3章

・高橋義郎「5つの視点の因果関係で導く全体最適経営」（連載）、『アイソス』システム規格社、2022年、4月号～9月号
・高橋義郎他（共著）『革新的中小企業のグローバル経営』同文舘出版、2015年
・高橋義郎（講演録）「全体最適経営に導くバランススコアカードとマネジメントシステムの利活用」『アイソス』システム規格社、2021年12月号
・高橋義郎「ISO・全体最適経営」『中堅企業の成長戦略』同文舘出版、2017年
・高橋義郎「戦略の空文化を防ぐ非財務指標の選び方」『日経ビジネスマネジメント：新経営指標の実力』日経BP社、日経BPムック、2009年、Vol.5
・高橋義郎『使える！　バランススコアカード』PHP研究所、PHPビジネス新書、2007年
・高橋義郎「ISO9001におけるバランススコアカードの活用：QMSとBSCの戦略的目標が一致し日常の経営活動と融合したシステムが実現」『アイソス』システム規格社、2005年7月号
・高橋義郎「バランススコアカードとISO9000：2000」『クオリティマネジメント』財団法人日本科学技術連盟、2002年5月号
・日本経営品質賞委員会『2021年度版日本経営品質賞アセスメント基準書』生産性出版／日本生産性本部、2021年
・米国NIST『Baldrige Excellence Builder 2021-2022（日本語版）』グローバル・クオリティ・フォーラ

ム、黒瀬晋（翻訳）、田中典生（校閲）
・ＥＦＱＭ『The EFQM Model:An Overview』：https://www.efqm.org/
・経営品質協議会ホームページ：https://www.jqac.com/jqaward/history/
・経営品質協議会『２０１１年度版経営品質向上プログラムアセスメントガイドブック』生産性出版、２０１１年
・日本経営品質賞委員会・石坂産業株式会社『２０２０年度経営品質報告書（要約版）』生産性出版、２０２１年
・石坂産業ホームページ：https://ishizaka-group.co.jp/
・高橋義郎「マネジメントシステムによる全体最適化経営分析の一考察」『桜美林経営研究』桜美林大学大学院経営学研究科、第９号、２０１９年
・学校法人桜美林学園ホームページ：https://www.obirin.jp/
・和田満「ワークスタイル改革の取り組みと今後の展開」『大学時報』一般社団法人日本私立大学連盟、第71巻、４０３号、２０２２年

第４章

・高橋義郎（講演録）「全体最適経営に導くバランススコアカードとマネジメントシステムの利活用」『アイソス』システム規格社、２０２１年12月号

◎桜美林大学叢書の刊行にあたって

「隣人に寄り添える心を持つ国際人を育てたい」と希求した創立者・清水安三が一九二一年に本学を開校して、一〇〇周年の佳節を迎えようとしている。

この間、本学は時代の要請に応えて一万人の生徒・学生を擁する規模の発展を成し遂げた。一方で、哲学不在といわれる現代にあって次なる一〇〇年を展望するとき、創立者が好んで口にした「学而事人」（学びて人に仕える）の精神は今なお光を放ち、次代に繋いでいくことも急務だと考える。

一粒の種が万花を咲かせるように、一冊の書は万人の心を打つ。願わくば、高度な知性と見識を有する教育者・研究者の発信源として、現代教養の宝庫として、さらには若き学生達が困難に遇ってなお希望を失わないための指針として、新たな地平を拓きたい。

この目的を果たすため、満を持して桜美林大学叢書を刊行する次第である。

二〇二〇年七月　学校法人桜美林学園理事長　佐藤　東洋士

高橋義郎
（たかはし よしろう）

大学（工学部機械工学科）卒業後、自動車部品製造会社（開発部門・貿易部門）、日本フィリップス（現フィリップス・ジャパン）（国際調達部門・経営品質部門）、ヴェオリアウォータージャパン（経営戦略部門）、桜美林大学大学院経営学研究科教授（国際標準化研究領域）などの勤務を経て、現在、学校法人桜美林学園顧問。
著書に『使える！バランススコアカード』（PHPビジネス新書）、『革新的中小企業のグローバル経営 ―「差別化」と「標準化」の成長戦略―』（共著・同文舘出版）ほか多数。

経営《けいえい》は5つの視点《してん》の因果関係《いんがかんけい》で考《かんが》える

2022年11月20日　初版第1刷発行

著者	高橋義郎
発行所	桜美林大学出版会 〒151-0051　東京都渋谷区千駄ヶ谷1-1-12
発売元	論創社 〒101-0051　東京都千代田区神田神保町2-23　北井ビル tel. 03（3264）5254　fax. 03（3264）5232　http://ronso.co.jp 振替口座　00160-1-155266
装釘	宗利淳一
組版	桃青社
印刷・製本	中央精版印刷

ISBN978-4-8460-2201-3